UNIVERSITY OF NORTH CAROLINA AT CHAPEL HILL
DEPARTMENT OF ROMANCE LANGUAGES

NORTH CAROLINA STUDIES IN THE ROMANCE LANGUAGES AND LITERATURES

ESSAYS; TEXTS, TEXTUAL STUDIES AND TRANSLATIONS; SYMPOSIA

Founder: URBAN TIGNER HOLMES

NORTH CAROLINA STUDIES IN THE
ROMANCE LANGUAGES AND LITERATURES
Number 142

MYTHE ET PSYCHOLOGIE CHEZ MARIE DE FRANCE
DANS *GUIGEMAR*

MYTHE ET PSYCHOLOGIE CHEZ MARIE DE FRANCE
DANS *GUIGEMAR*

PAR

ANTOINETTE KNAPTON

CHAPEL HILL

NORTH CAROLINA STUDIES IN THE ROMANCE
LANGUAGES AND LITERATURES
U.N.C. DEPARTMENT OF ROMANCE LANGUAGES
1975

Library of Congress Cataloging in Publication Data

Knapton, Antoinette.

Mythe et psychologie chez Marie de France.
(North Carolina Studies in the Romance Languages and Literatures, no. 142)

Bibliography: p. 140.

1. Marie de France, 12th cent. Guigemar.

I. Title.   II. Series.

PQ1494.L5G835   841'.1   74-14983

ISBN 978-0-8078-9142-1

DEPÓSITO LEGAL: V. 3.292 - 1975
ARTES GRÁFICAS SOLER, S. A. - JÁVEA, 28 - VALENCIA (8) - 1975

A
RONALD N. WALPOLE
Professeur médiéviste

qui m'a indiqué le "vert chemin"
des études médiévales,

et à
E. JAMES KNAPTON
mon mari,

qui m'a si souvent encouragée,

je dédie cette étude en symbole
de ma reconnaissance.

Ne me tenez a surquidiee
Si vos os faire icest present!

ANTOINETTE KNAPTON

TABLE

		Vers	Pages
I.	Mythe et Psychologie		11
II.	Explication Textuelle et Symbolique		
	1. Les "enfances" Guigemar	1-56	37
	2. "Nature out mespris"	57-75	40
	3. La forêt	79-148	48
	4. Le rêve	76-122	50
	5. La chasse	76-144	55
	6. La biche	90-122	63
	7. La blessure	93-144	74
	8. La prédiction	108-122	82
	9. Le "vert chemin"	145-150	84
	10. La détente	150-204	89
	11. La nef	151-205	93
	12. La conquête amoureuse	205-542	95
	13. La ceinture et le nœud	543-620	106
	14. La séparation	621-742	113
	15. L'épreuve finale et la joie	691-Fin	115
III.	Le "Sen"		124
	Bibliographie		140

I

MYTHE ET PSYCHOLOGIE

Les peuples aiment les histoires de fée. Comme Rhys Carpenter, nous croyons que leur attrait réside en ce qu'elles soulagent deux sentiments primaires chez l'homme: le désir et la crainte.

> An important ingredient in the immediately recognizable flavor of *Märchen* is the universal and deep-seated human delight in overcoming in the imagination the frustrations and physical barriers of ordinary earthly existence. It is this which engenders and keeps alive the appeal of the surnatural, the magical... A second constituent of *Märchen* seem to be compounded of fear rather than desire, and specifically fear expressing itself in much the same form as shapes our dreams when we are asleep.[1]

Ces sentiments ambivalents sont à l'état brut chez les enfants dont la raison ne réussit pas encore à bien retenir la folle du logis. C'est pourquoi les loups-garous, les oiseaux bleus et les fées font partie de leur petit monde comme des cousins éloignés dont ils croient à l'existence, sans les avoir jamais rencontrés. Mais si la raison des adultes peut nier ces fantômes, il n'en reste pas moins que les désirs et les terreurs repoussés dans la forêt sombre de leur psyché ont quelquefois besoin de calmant ou d'échappatoire. C'est alors que les contes de fée, s'ils sont tissés par un poète qui connaît son métier, peuvent encore assagir ou libérer les tendances opposées de l'âme, tout en donnant beaucoup

---

[1] Rhys Carpenter, *Folk Tale, Fiction and Saga in the Homeric Epics*, 4e édn. (1946, rpt. Berkeley: University of California Press, 1962), Chap. IV, p. 69.

de plaisir. Cette libération s'effectue par une représentation concrète et simple des complexités de la réalité psychologique des personnages du conte dans lesquels l'auditeur (ou le lecteur) s'insinue. Il est donc heureux pour les grands enfants que les poètes aient transposé pour eux des contes de fée; citons au hasard, en remontant les siècles, *Alice in Wonderland* de Lewis Carroll, Grimms *Märchen*, les *Contes de ma mère l'Oye* de Charles Perrault, et au moyen âge, les *Lais* de Marie de France. Parce que le poète transforme tout en poème, son conte féerique saura répondre à la double exigence d'un public d'adultes et d'esthètes, aussi bien que d'enfants et de primitifs.

C'est pour avoir éprouvé l'acuité de ce plaisir dont nous parlons, plaisir ambigu, mystérieux et toujours renouvelé à la lecture des *lais* de Marie de France, que nous avons entrepris une étude symbolique approfondie de ses poèmes, en commençant par le *lai* de *Guigemar*. Peut-être avons-nous espéré dévoiler, à travers son poème, la personnalité quelque peu mystérieuse elle aussi de ce poète français de la fin du XIIe siècle.

Considérons d'abord l'ensemble des douze poèmes narratifs (ou 'nouvelles en vers') de Marie réunis en un recueil et appelés communément *lais*. Martin de Ríquer[2] nous a convaincue de l'impropriété de se servir d'un terme que le poète n'a pas employé pour ses nouvelles, et surtout de l'utilité d'une distinction entre les *lais* bretons et les poèmes de Marie. Elle prétend en effet avoir entendu les *lais* chantés par les jongleurs bretons ("Des lais pensai, k'oïz aveie... / Plusurs en ai oï conter..." Prologue des *Lais*, v. 33 et 36) et les avoir transposés en *ditié* (= poèmes): "Rimé en ai e fait ditié," v. 41 du Prologue. Bien que *Le Fresne* (v. 1) et *Bisclavret* (v. 1) indiquent dans la leçon du ms H que Marie compose un *lai*, il y a eu corruption du ms pour le premier et faute typographique au vers initial pour le second, selon Ríquer. Le terme *lai* doit donc s'appliquer à la source

---

[2] Martin de Ríquer, "La 'aventure,' el 'lai,' y el 'conte' en Maria de Francia," *Filologia Romanza*, T. 2, Jan-Mar 1955, pp. 1-19.

Il faut noter que Lucien Foulet, "Marie de France et les Lais bretons," *Zeitschrift für romanische Philologie*, 29, 1905, p. 300, avait déjà remarqué "qu'elle n'emploie pas une seule fois le mot *lai* pour désigner son conte."

A noter aussi que le Lay de Grælent, édité par E. Margaret Grimes (*The Lays of Desiré, Grælent and Melion*, ed. E. M. Grimes, N. Y.: Institute of French Studies, 1928) indique aussi (v. 755-6) un lai breton comme source:

.I. lai en firent li Breton,
Graalant Muer l'apele l'on.

présumée des poèmes de Marie, c'est-à-dire aux compositions chantées des jongleurs bretons. A. Ewert donne cette définition des *lais* bretons qui est généralement acceptée:

> The term *lai* is probably of Celtic origin (cf. Old Irish *laid* 'song,' Mod. Irish and Gaelic *laoidh* 'hymn') and is regularly accompanied by the epithet 'breton.' ... The term *lai*, like the modern 'song,' was used indifferently to denote the music or the words or both taken together, but it is by no means improbable that when the jongleurs gave their performance the song may have been preceded or followed by a prose narrative, or intercalated in the prose narrative in the manner of the 'chantefable' of *Aucassin et Nicolete*.[3]

Le terme *conte* sera donc réservé ici pour les poèmes narratifs de Marie.

Tout utile que soit cette distinction pour l'étudiant des narrations rimées médiévales connues abusivement sous le nom de *lais,* elle a l'inconvénient de créer quelque confusion car le terme *conte* (= conte populaire, conte de fée, conte folklorique) désigne expressément, pour les folkloristes, ce que représente l'allemand *Märchen*; les *lais* bretons, assurément, appartiennent à ce genre d'histoires. Rhys Carpenter, après avoir déploré le manque d'un mot anglais aussi spécifique que l'allemand *Märchen*, définit ainsi la conception de *Märchen* (=Folk tale = Conte):

> Our common nursery fairy stories mostly belong to this type; but the presence of fairy folk is not essential to them. Rather, their distinctive characteristic is the appeal to magic and the use of specific patterns formed on fundamental human desires and fears.[4]

Ernest Hoepffner, dans son étude des *Lais* en a désigné trois, *Lanval, Yonec* et *Guigemar,* comme étant de "véritables contes de fée":

> Un premier groupe de trois lais se détache de la masse. Ce sont les lais "féeriques," ceux qui sont de véritables contes de fée: les lais de *Lanval*, d'*Yonec* et de *Guigemar*. Ce qui

---

[3] Marie de France, *Lais*, ed. A. Ewert (1944, rpt. Oxford: Brasil Blackwell, 1965), 'Introduction,' pp. x et xii.

[4] Rhys Carpenter, *Folk Tale, Fiction and Saga in the Homeric Epics,* p. 68.

les caractérise, c'est que l'élément surnaturel s'y trouve dans toute sa pureté et y occupe une place de premier plan. Une même donnée fondamentale les unit tous les trois: l'amour entre un être humain, homme ou femme, et un être surnaturel, fée ou magicien. [5]

Des motifs magiques, que nous pouvons qualifier d' "éléments surnaturels" propulsent l'action d'autres contes; ne sont-ils donc pas des contes de fée? Nous pensons au *Bisclavret* (métamorphose d'homme à animal et vice-versa), à *Deus Amanz* (potion magique), à *Eliduc* (belette merveilleuse et fleur qui ressuscite une morte), à *Milun* (cygne doué d'ubiquité), sans parler des autres contes où les motifs folkloriques sont moins discernables. Pour répondre aux exigences des folkloristes, une opinion subjective, reposant sur la découverte d'un motif magique d'ailleurs évident ou sur l'effet produit, est impuissante à cerner le "pur conte de fée": les structures des histoires doivent être concurremment étudiées avec les motifs folkloriques (= mythiques, symboliques) et les formules magiques. En effet, ce sont les structures qui révèlent la main du poète. Citons encore Rhys Carpenter:

> If we distinguish — as professional students of *Märchen* insist that we must — between *Märchen* motifs or formulas on the one hand and *Märchen* plots or story patterns on the other, we shall probably decide that many of the motifs are of world-wide recurrence and believe in their polygenesis, whereas the more highly organized composite *plots* may have a monogenetic origin. In this view of the situation, the material mechanism and the common stuff in which *Märchen* deals are drawn from universal human behavior, while the complex structure of the more developed stories demands an individual creator or group of fabricators. [6]

Que *Guigemar* soit un conte de fée directement descendu du folklore breton ou que la structure de ce conte ait été refaçonnée par Marie, est à proprement parler, l'objet de cette étude.

Un rival contemporain de Marie, Denis Piramus, lui-même apparemment séduit par les *Lais,* rapporte le plaisir de l'auditoire choisi qui les entendait conter: "mult laiment, si lunt mult cher / Cunte, baron

---

[5] Ernest Hœpffner, *Les Lais de Marie de France* (Paris: Boivin, 1935; Nouvelle édition Paris: Nizet, 1966), p. 56.
[6] Rhys Carpenter, op. cit., p. 68.

e chivaler... Les lais solent as dames pleire. / De Joie les oient e de gré." [7]

Marie charme toujours ses lecteurs: "Marie... is in such command of her readers that they too are charmed out of their senses," écrit un médiéviste moderne, le professeur Ronald N. Walpole.[8] Jean Frappier, rendant compte de l'édition Rychner de 1966, avoue ne pas se lasser d'un "beau vieux texte dont le charme ne s'est pas dissipé après des siècles écoulés."[9] Ernest Hoepffner parle de son recueil, "une des œuvres les plus originales, les plus touchantes et les plus humaines de la littérature médiévale."[10]

Mais cette enchanteresse n'est pas toujours comprise. Certains érudits l'avouent ingénument: "*Guigemar*, où le rôle de la biche fée est, dans le récit de Marie, à peu près inintelligible."[11] D'autres, les plus nombreux, interprétant avec justesse le symbole des motifs féeriques employés par Marie, s'en tiennent à une signification unique, plate et inamovible. Par exemple, Jeanne Lods voit dans la ceinture et le nœud un rappel du thème de Cendrillon et de l'histoire du nœud gordien;[12] cette explication, pour n'être pas fausse, n'est pourtant que partielle. Suheyla Bayrav[13] reproche à Leo Spitzer une interprétation mouvant avec le temps narratif du bâton du *Chevrefoil* de Marie, qu'au contraire nous admirons. Elle y substitue une "correspondance rigoureuse" de cet objet (le bâton) avec le destin d'amour des amants.

Le motif merveilleux, parce qu'il persiste dans la narration par un quelconque effet futur, ne serait-ce que dans le souvenir des personnages, évolue, fluctue, trompe l'œil et l'esprit. Il est complexe, il est plurivalent: "The principe of manifold or 'polysemous' meaning, as Dante calls it, is not a theory any more, still less an exploded

---

[7] Denis Piramus, *La Vie Seint Edmund le Rei*, v. 38-44. Cité par Julian Harris, '*Guigemar*,' '*Lanval*,' *and a fragment of* '*Yonec*' (New York: Institute of French Studies, 1930).

[8] Ronald N. Walpole, "Humor and People in Twelfth-Century France," *Romance Philology*, XI, 3, Feb. 1958, 210-25.

[9] Jean Frappier, "Une édition nouvelle des '*Lais*' de Marie de France," *Romance Philology*, XXII, 4, May 1969, 600-13.

[10] Ernest Hœpffner, *Les Lais*, op. cit., p. 178.

[11] Gaston Paris, "Revue des 'Lais der Marie de France,' édition Warnke," *Romania*, XIV, 1885, pp. 598-608.

[12] Jeanne Lods, *Les Lais de Marie de France* (Paris: CFMA, 87, 1959), cf. Introduction, iii-xxix.

[13] Suheyla Bayrav, *Symbolisme médiéval* (Paris: PUF, 1957), pp. 63-69.

superstition, but an established fact." [14] Il a ses moments, sa jeunesse et sa vétusté; il naît, il vit et il meurt. Il agit sur les sens, sur l'imagination, sur la volonté des personnages qui le contemplent dans sa forme réalisée, ou s'en servent, ou ne peuvent s'en servir; il agit directement ou indirectement. Il incite, il persuade, il commande, il console, il protège ou il punit. Sa fonction est donc toute psychologique: il agit comme l'amour ou comme la haine, et comme la foi, et comme la force de volonté. Il change et on le change. D'autres commentateurs encore pèchent en extrayant les motifs de leur contexte, puis en les interprétant isolément comme s'ils n'étaient pas liés les uns avec les autres, indissolublement, eux sans la totalité desquels l'histoire telle qu'elle est n'existerait pas. Une autre faute, difficile à éviter, consiste à tirer du texte la signification du symbole — alors que c'est le symbole qui éclaire le texte, ou plutôt, le symbole étant le texte, la lumière ne vient pas de l'un ou de l'autre, elle est. Une explication symbolique, pour être juste, doit être contextuelle. Jessie L. Weston insiste sur "the imperative necessity for treating the Symbols or Talismans... on the same principle as ... the incidents of the story, *i.e.* as a connected whole." [15] Nous nous sommes tenue à cette règle, et nous n'avons jamais perdu de vue l'ensemble du poème d'où nous avons extrait momentanément les motifs pour les connaître et les analyser.

Le motif féerique chez Marie est objet, naturel ou fabriqué, ou animal; dans le conte de *Guigemar*, les principaux motifs employés sont la biche blanche, la nef merveilleuse, la ceinture et le nœud. Tous existent dans la réalité (même la biche blanche, même la biche à cornes) et tous sont présents là où on les trouverait dans la vie réelle: la biche au bois, la nef en mer, la ceinture d'une femme autour de sa taille. Cet emploi naturel tient à la fois de la comparaison homérique dans laquelle, selon Alain, "la chose est de nature," [16] et de la fonction des symboles pour les primitifs signalée par Lévy-

---

[14] Northrop Frye, *Four Essays: Anatomy of Criticism* (Princeton: Univ. Press, 1957), 'Theory of Symbols,' p. 72.

[15] Jessie L. Weston, *From Ritual to Romance* (1920, rpt. New York: Doubleday, 1957), p. 67.

[16] Alain, *Propos de Littérature* (1934, rpt. Paris: Editions Gonthieu, 1967), 'La Métaphore,' p. 18.

Bruhl.[17] Le primitif, d'après l'explication de ce folkloriste, veut que les puissances surnaturelles et les complexités abstraites qu'il ne saurait appréhender soient changées en images faisant partie de sa réalité coutumière. En effet, Marie conteuse nous fait entrer "dans le monde de la féerie, qui paraît de plain-pied avec la réalité, sans [qu'elle] marque la moindre limite."[18] Ce qui est surnaturel dans le motif utilisé, ce sont les puissances que Marie lui attribue, et qui lui permettent — directement (biche=paroles) ou indirectement en tant que symbole — d'entrer dans la structure du conte. Son apparition, manifestation extérieure des puissances de l'action intérieure, est donc toute logique, bien que semblant surnaturelle. C'est la marque du "féerique" des contes de Marie.

De plus, pour rendre sensible la beauté de son message, Marie n'a pas négligé les possibilités esthétiques des motifs. Comme les grands écrivains psychologues de sa race, Chrétien de Troyes, Mme de la Fayette, Proust, pour ne nommer que ceux-là, elle poétise l'abstraction en donnant une forme plastique élégante et claire à ce qui est profond, ambigu ou obscur. Les motifs intègrent dans le décor narratif l'ornement de leurs formes, et comme ils représentent, dans leurs interventions concrètes, des motivations et des développements psychologiques, il faut voir dans leur beauté un reflet de la beauté intérieure que Marie nous invite à discerner. La biche blanche à cornes, près de son faon, dans le buisson épais, forme un tableau étrange et attirant. La nef est lisse et bien faite; ses matériaux de construction sont rares et riches, et surtout elle est lumineuse de tout son or et de toutes ses chandelles brillantes; elle invite au calme et au sommeil. Et la ceinture entoure le corps d'une femme si séduisante qu'elle doit l'enserrer avec les grâces d'un joli serpent; il n'est pas jusqu'à la chemise de Guigemar, gardée précieusement mais non portée, qui ne soit signe d'élégance. Dans cette fusion du sens et de la poésie, l'idée de Marie sort plus belle.

Cet objet ou cet animal est une abstraction, une idée, ayant pris forme sensible. S'il est difficile de croire *a priori* que la nef par exem-

---

[17] Lucien Lévy-Bruhl, *L'Expérience mystique et les symboles chez les primitifs* (Paris: Félix Alcan, 1938). Chap. V: 'Nature et Fonction des Symboles,' p. 169 ss.
[18] J. Wathelet-Willem, "Le Mystère chez Marie de France," *Revue de Philologie et d'Histoire*, XXXIX, 3-4, 1961, 661-86.

ple est une idée ou un sentiment, considérons qu'elle se transforme en ceci chez Guigemar: en désir de partir, puis de se reposer de sa douleur physique, puis de dormir. Et chez la Dame, elle convertit radicalement un désir de mourir en volonté de fuite. C'est le mouvant de cette psychologie, toujours en train de devenir, d'exister, qui est l'objet de notre quête. Comme le désir et la crainte sont les mobiles primitifs qui font avancer, reculer les hommes ou les immobilisent, les motifs féeriques des contes de Marie, chargés de cette qualité motrice, créent douleur ou plaisir dans les personnages et, par conséquent, ils font avancer l'action.

L'emploi du motif magique évite les longs développements abstraits toujours un peu secs et lourds; cet emploi est donc générateur d'économie et d'aisance, et est particulièrement adapté aux contes. Le nombre poétique de Marie, dont tous ses admirateurs sont si conscients, découle en partie de cet usage.

Ce qui semblerait coquetterie de poète aujourd'hui était une pratique généralisée du temps de Marie de France, suivant une longue tradition à la fois biblique et mythologique. Des motifs du même genre sont aussi souvent employés, avec beaucoup de bonheur et de hardiesse, chez ses contemporains, dans la littérature profane (en particulier dans la "matière de Bretagne") et dans la religieuse. L'étude de l'emploi des motifs chez les poètes rivaux (en prenant bien garde à comparer non les objets mais leurs fonctions), nous a été de la plus grande utilité pour éclaircir la signification de certains motifs merveilleux chez Marie. Il n'est d'ailleurs pas dans notre propos de comparer les ressemblances verbales entre elles, seulement à l'occasion, pour mieux saisir les divergences de fond. Il n'est pas non plus nécessaire de pénétrer le secret de la primogéniture du motif chez l'un ou l'autre poète: son emploi est rarement original; ce qui compte est le choix du motif et sa re-création pour les besoins du poème. La pierre de touche du vrai poète est de savoir rajeunir les significations usées des mythes, à l'effet de les rendre de nouveau expressifs pour les nouvelles sociétés. Marie, nous le constaterons souvent, se montre là particulièrement brillante, indépendante, et dirions-nous espiègle, tant elle sait modifier et renouveler les significations, tant elle y prend plaisir.

Le plus souvent, un objet symbolique étant à la mode — nous pensons à la nef merveilleuse des légendes celtiques, comme celle de Tristan par exemple — son emploi est si connu qu'il y a fort peu à gagner par la connaissance de toutes les nefs et de tous les *Imramas* qu'elles ont facilités, car ce n'est pas l'idée générale du voyage aventureux qui importe: elle se conçoit sans aucune subtilité, mais les conditions particulières à notre conte, qui en font un voyage "unique." Même la répétition de l'usage d'un talisman à l'intérieur d'un conte féerique donné, qui est de mise dans les sagas (*das Gesetz der Wiederholung*),[19] et qui, selon Axel Olrik, produit l'accentuation, laisse déceler, dans chaque emploi successif une ou plusieurs variations significatives, qui font que chaque fonction du motif est vraiment unique en soi.

Chaque signification supposée a été appliquée sur le texte comme une grille, et nous l'avons rejetée si elle n'éclaircit rien, ou si elle se heurte dans le texte immédiat ou lointain à une contradiction incoercible, compte-tenu évidemment de l'évolution logique du sens dans les données nouvelles de l'intrigue.

A côté du sens symbolique "littéraire" que possède l'objet, et que poète et lecteur peuvent connaître par l'usage et par la recherche, (la nef=*imrama*), il a un rôle utile (la nef=admirée d'abord et employée comme bateau) qui fait avancer l'action. La valeur symbolique (fond) fait comprendre au lecteur la vision ou l'intention du poète; la valeur utilitaire agit sur le héros (forme) qui peut ignorer l'intention du poète. Quand sa blessure fait tomber le jeune chasseur à la renverse, il ne se rend peut-être pas compte que c'est une leçon adressée à un futur prince, oublieux de ses responsabilités; mais le lecteur, à cause de l'insistance du poète de se servir de motifs merveilleux à signification dynastique, sait cela. Cependant, de ce qui concerne la "matière de Bretagne," l'ignorance du héros fictif en ce que représentent symboliquement les actes et les objets n'est pas certaine. Ainsi la princesse Fénice du *Cligès* de Chrétien blâme Iseut de partager son corps: elle parle d'elle non comme d'une héroïne de roman, mais comme d'une Dame vivante et perdue de réputation. Et dans *Erec et Enide*, le roi Arthur entend garder vivante la coutume de la chasse au Cerf Blanc et du baiser à la plus belle. La connaissance du symbole par le personnage fictif qui le rencontre ajoute une profondeur légendaire à l'emploi qui en est fait; le philtre de Fénice est plus efficace en ce qu'il recrée le motif du vin herbé. Nous nous trouvons donc en

---

[19] Axel Olrik, "Epic Laws of Folk Narrative," *Study of Folklore*, édition Alan Dundes (New Jersey: Prentice-Hall, 1965), p. 132.

présence d'une convention poétique régissant non plus seulement le lecteur individuel par rapport au roman qu'il lit, mais aussi les personnages fictifs entre eux, c'est-à-dire les poètes de ce temps entre eux. Cette communauté poétique n'est pas toujours comprise de nos jours. Pour donner une analogie moderne, pensons à l'œuvre monumentale de Zola, les *Rougon-Macquart*; puisque les mêmes personnages reviennent dans les romans de cette série, on ne pourrait s'étonner de voir la fille de Gervaise de *l'Assommoir,* devenue la courtisane Nana, juger par exemple la conduite de l'ivrogne Coupeau, son ancien beau-père. Mais ce qui étonnerait, serait assurément de la voir juger Emma Bovary et prétendre qu'elle connaît fort bien son amant Léon. Quand Fénice parle d'Iseut comme d'une contemporaine, elle "démythifie" Iseut, mais aussi elle l' "humanise." Qu'une telle vision du monde multiple de la vie poétique et fictive du moyen âge soit possible, présuppose chez les lecteurs une attitude unie, analogue, selon nous, à la foi religieuse: en fait, elle est foi poétique. Le monde poétique médiéval était un monde commun; le poète en vase clos était inconnu; les symboles et les formules étaient tirés de ce fonds commun. L'écrivain médiéval n'avait pas le choix. Son public vivait la grande histoire poétique totale racontée par tous les poètes et les trouvères de son temps, inspirés du même souffle. Non pas d'ailleurs que la personnalité de chaque poète ne réussisse à percer et à s'affirmer de différentes manières. Ce que nous appellerions ce "sur-monde poétique," avait, selon Paul Zumthor, un "sur-langage" ou langage poétique de l'époque romane, "une sur-langue, métaphore de l'autre."[20] C'est la raison pour laquelle, selon nous, les efforts de certains critiques modernes qui font état de ressemblances verbales ou symboliques pour en déduire des rapports chronologiques ou pour juger du plus ou moins d'imagination ou d'originalité des poètes médiévaux sont vains. Puisque le poète est un mage, il faut bien tenir compte, pour évaluer son génie, de la forme particulière que prend la foi en la magie poétique de son temps. H. J. Chaytor justement conseille au critique de se transporter à l'époque qu'il juge s'il ne veut pas fausser son jugement:

> Hence, if a fair judgment is to be passed upon literary works belonging to the centuries before printing was invented,

---

[20] Paul Zumthor, *Langue et techniques poétiques à l'époque romane (XIe-XIIIe siècles)* (Paris: Klincksieck, 1963), Chap. IV, 'Le sur-langage,' pp. 179-219.

some effort must be made to realize the extent of the prejudices under which we have grown up, and to resist the involuntary demand that medieval literature must conform to our standard of taste or be regarded as of interest purely antiquarian. In the words of Renan, 'l'essence de la critique est de savoir comprendre des états très différents de celui où nous vivons.'[21]

Il arrive souvent qu'un motif élucidé par le critique devient lourd de significations par son hérédité biblique, mythologique et courtoise à la fois. Ce danger d'alourdissement est l'injustice faite au poète par la lecture expliquée, pesante paraphrase. "Ce que dit l'œuvre, nul résumé, nulle imitation, nulle amplification ne peut le dire."[22] Mais cette lourdeur n'est qu'apparente: l'enfant qui tient de ses parents prend les caractéristiques de l'un ou de l'autre, ou les fusionne en un seul trait. Le symbole hérité fusionne aussi ses caractères, et les traditions exégétiques rattachées aux motifs enrichissent notre compréhension de l'œuvre.

D'ailleurs Marie invite elle-même ses futurs lecteurs à "gloser la letre / E de lur sen le surplus mettre" (Prologue des *Lais*, vv. 15-16), ce qui équivaut pour nous à une insistance de clarifier les symboles, et cela est nettement dans la ligne d'une philosophie platonicienne de l'art, comme le remarque Leo Spitzer: "this medieval or Platonic idea of the gloss."[23] En effet, comme le symbole a son côté abstrait (l'idée), et sa représentation concrète (le motif), le poème a son "sen" (signification) et sa "matière" (forme). Dans ce genre d'équivalences, la vérité qu'il faut "gloser" se place à côté de l'idée et du fond, tandis que la réalité se place à côté du motif et de la forme. Un autre poète du XIIe siècle, Chrétien de Troyes, propose la même réflexion sérieuse au lecteur: "doit chascuns... tret d'un conte d'avanture / Une molt bele conjointure" (Prologue, *Erec et Enide*, 11-14).[24] Encore faut-il ne pas dire "à côté," ni "trop," ni "moins": tâche

---

[21] H. J. Chaytor, *From Script to Print, An Introduction to Medieval Literature* (London: Univ. Press Cambridge, 1945), p. 1.
[22] Alain, p. 52.
[23] Leo Spitzer, "The Prologue to the 'Lais' of Marie de France and medieval poetics," *Romanische Literaturstudien*, 1936-1956, Max Niemeyer, Tübingen, 1959, Note 2, p. 4.
[24] Chrétien de Troyes, *Erec et Enide*, édn. Mario Roques (Paris: Les Classiques français du moyen âge, 1963).

idéale et mesurée à laquelle on doit s'atteler avec humilité, mais avec résolution.

Il est un autre danger dans l'interprétation des textes médiévaux contre lequel Morton W. Bloomfield met en garde: celui de rechercher à tout prix une signification quadruple; aux niveaux historique, allégorique, tropologique et anagogique, dans les écrits profanes, et d'aller ainsi au-delà des intentions conscientes du poète.[25] Ses objections reposent surtout sur le fait qu'une telle méthode tend à confondre les textes religieux avec les textes profanes, alors qu'au XIIe siècle déjà, cette méthode était sévèrement critiquée pour l'exégèse biblique. Ce danger peut être évité pour les *Lais* si l'on tient bien compte du texte, du ton du poète et du public auquel Marie s'adresse. C'est pourquoi cette remarque de Leo Spitzer:

> even such "this-worldly" poets as Marie de France and Juan Ruiz could not help but see their secular works in the same light as that of the sacred book, the Bible ... [26]

nous semble quelque peu exagérée. La discussion des sources principales de *Guigemar*, qui va suivre, écartera suffisamment de l'esprit du poète toute prétention à assimiler ses contes à des textes révélés.

Le vers 23 du Prologue de *Guigemar*: "Sulunc la lettre e l'escriture" a rendu les commentateurs de Marie assez perplexes, car ils ne trouvaient pas de source écrite pour ce conte. Les recherches se sont effectuées surtout autour des *lais* bretons dont parle Marie, pour des raisons résumées par Jeanne Lods:

> Les éléments celtiques des lais sont toutefois assez abondants: la plupart des noms des personnages sont des noms bretons, des références à l'histoire de l'Armorique se rencontrent à plusieurs reprises, les noms de lieux renvoient à la géographie de la Bretagne ou à l'Angleterre de la tradition arthurienne. Les thèmes merveilleux, enfin, sont des thèmes de contes bretons... [27]

Ce critique cependant insiste sur les "contaminations diverses apparentes surtout dans *Guigemar*," et renonce à voir dans les *lais* de

---

[25] Morton W. Bloomfield, "Symbolism in Medieval Literature," *Modern Philology*, LVI, 2, Nov. 1958, pp. 73-81.
[26] Leo Spitzer, "Le Prologue...," p. 3.
[27] Jeanne Lods, édition *Lais de Marie de France*, Introduction, pp. x-xi.

Marie "des pièces populaires celtiques transposées en vers français." Dans *Guigemar* en effet, les motifs de la chasse à la biche blanche, la nef merveilleuse, les gages des amants, *geis* et *imrama*, la blessure à la cuisse, sont particulièrement typiques des légendes irlandaises; et le nom du héros et celui du local sont bretons. Martin de Ríquer, à qui nous devons une si nette distinction entre les termes 'conte,' 'lai,' et 'aventure,' conseille une investigation concentrée dans le domaine des lais bretons:

> el problema de las fuentes de las narraciones de María de Francia, que se reduciría a la indagación de los elementos del primitivo *lai* que hubieran generado el *conte*... [28]

et voit une origine des contes de Marie toute folklorique et populaire. Ernest Hœpffner cependant, qui a cherché une source mythologique (Hippolyte: le beau chasseur indifférent) pour *Guigemar,* exprime ce doute:

> Que de pareilles compositions [lais des Bretons] aient pu servir à de simples récits d'aventures, c'est peu probable. Si quelque texte les accompagnait, il ne pouvait avoir qu'un caractère lyrique, comme celui des lais musicaux français. [29]

En général, les chercheurs (signalons Hœpffner, Rychner, Lods, J. Wathelet-Willem) sont restés jusqu'ici satisfaits d'une explication selon le schéma bien connu du conte de la Dame-Fée qui s'éprend d'un mortel et qui l'attire vers l'Autre-Monde, dont le type est le *Pwyll prince of Dyfed* des Mabinogion, et que nous retrouvons dans le *Lanval* de Marie.

C'est Carl Pschmadt [30] qui nous a mise sur la piste d'une source écrite certaine qui met en lumière la vertu la plus signalée du jeune Guigemar, sa force physique et morale. Il s'agit de la légende d'Héraclès, parrain, par l'étymologie, de tous les "héros" futurs. Carl Pschmadt a relevé l'originalité de Marie de France qui, dans *Guigemar,* se sert du motif de la *biche blanche à cornes,* motif essentiel de la légende antique primitive, et employé nulle part ailleurs que chez elle dans

---

[28] Martin de Ríquer, p. 19.
[29] E. Hœpffner, *Les Lais...,* p. 44.
[30] Carl Pschmadt, *Die Sage von der verfolgten Hinde,* Dissertation doctorale, Université de Greifswald, 1911, p. 33.

la littérature profane du moyen âge. Un peu de recherche dans cette voie nous a fait saisir le rapport frappant qui existe entre le voyage d'Héraclès au jardin des Hespérides par-delà les mers, pays féerique du Bonheur et de la Sagesse, d'où il ramènera les pommes d'Héra, si jalousement gardées par Atlas, d'une part, et le voyage de Guigemar chez la Dame, elle aussi jalousement gardée. D'autres similitudes encore empêcheraient de croire à un effet du hasard — hasard qui voudrait que Marie ait ré-inventé le motif de la biche blanche à cornes. La parenté de notre conte à cette légende mythologique ne diminue en rien, étonnamment du reste, ses rapports avec les motifs celtiques. Un historien a supposé hasardeusement une influence double, antique et chrétienne, sur la pensée kimrique. Les grands monastères celtiques du VIe siècle auraient été des "oasis de lumière où s'unissent la charité chrétienne et la science druidique. Les études hébraïques, grecques et latines y sont pleinement épanouies: ces bardes chrétiens sympathisent surtout avec le génie grec, qu'ils embrassent par-dessus le monde latin, et leur sympathie ne distingue pas entre la Grèce homérique et la Grèce des Pères et des conciles." [31] Par ailleurs, R. R. Bolgar a réduit ces prétentions d'affinités gréco-celtiques, et, ce qui semble bien avéré, c'est à Tolède que revient l'honneur d'avoir été le centre de traduction des livres grecs et arabes véritablement influents qui se disséminèrent dans le monde occidental, en passant par l'Ecole de Chartres et l'Ecole de Paris. [32] L'historien et le savant recherchent des sources "écrites"; la descendance des héros mythiques dans les contes celtiques a probablement suivi la voie folklorique orale, quitte à se trouver confirmée quand les écrits grecs percèrent d'une manière ou d'une autre. Cuchulainn, le "fortissimus heros Scottorum (=d'Irlande) des sagas irlandaises, fort chanté et fort connu au moyen âge, assume la fonction de l'Hercule classique: [33]

---

[31] Henri Martin, *Histoire de France depuis les temps les plus reculés jusqu'en 1789* (Paris: Furne, 1860), Tome II, pp. 114, 127, 469; Tome III, p. 354 ss.

[32] R. R. Bolgar, *The Classical heritage and its beneficiaries from the Carolingian age to the end of the Renaissance* (1954, London: Cambridge U. Press; rpt. New York: Harper Torchbooks, 1964), p. 171 ss.

[33] Alfred Nutt, *Cuchulainn, the Irish Achilles* (London: David Nutt, 1900). Ce savant fait remonter l'origine du héros au culte aryen solaire. Sa thèse détruit consciemment la ressemblance de Cuchulainn avec Achille.

(Il) est le fils du dieu Lug, comme Hercule est fils de Jupiter. La popularité ou célébrité du héros celtique suffit à rendre compte de la grande extension du culte d'Hercule en Gaule à l'époque romaine. Les auteurs grecs racontent que le héros était, en Gaule, père de Keltoos et de Galatos, et qu'il avait parcouru toute la Celtique, mais les détails qu'ils apportent sont lacunaires. L'Hercule celtique symbolise uniquement la force pure. Il a part aussi à l'aspect magique de la fonction guerrière. [34]

Il est certain que Marie connaissait, et les sagas celtiques, et les légendes mythologiques. La connaissance d'écrits grecs au moyen âge, à travers des traductions latines antérieures ou composées par des Grecs, est "un fait positif." [35] Selon L. R. Loomis, "simple as well as learned might know of Hercules and Jason and Atlas who bore the skies upon his shoulders." [36] Bien entendu, en tenant compte du fait que les textes grecs étaient connus par des traductions latines, il ne faut pas s'attendre à des concordances parfaites, dans l'esprit et dans la lettre; il faut plutôt envisager de nombreuses interpolations. Emile Mâle signale qu'Héraclès se partageait l'honneur d'être représenté dans les manuscrits du moyen âge avec Thésée, Esculape ou Achille, au milieu des scènes bibliques représentées. [37] Dans *Flamenca*, roman provençal du XIIIe siècle (vv. 613-697), les héros grecs célébrés dans les chansons médiévales sont énumérés; on les chanta aux noces de l'héroïne, et parmi eux: "L'us comte d'Alcide sa forsa" (Alcide, autre nom d'Héraclès). E. du Méril fait une remarque additionnelle, générale, qui pourrait curieusement s'appliquer à Marie:

> Quoique fort vénérés encore dans les XIe et XIIe siècles, beaucoup de ces originaux classiques ont à peine laissé quelque trace perceptible dans les poèmes qui s'en étaient inspirés, et ceux-là même qui les avaient le plus scrupuleuse-

---

[34] *Dictionnaire des Symboles,* éd. Jean Chevalier (Paris: R. Laffont, 1969), s. v. *Héraclès (Hercule).*

[35] Edélestand du Méril, éd. *Floire et Blancheflor* (Paris: P. Jannet, 1861), Introduction, p. cvii ss.

[36] L. R. Loomis, *Medieval Hellenism* (Columbia Univ., Lancaster, 1906). Cf. aussi U. T. Holmes Jr. *A History of Old French Literature* (N.Y. Crofts, 1937, p. 190 ss.). Il note la descendance classique chez les Celtes, ces "grands emprunteurs."

[37] Emile Mâle, *L'Art religieux du XIIIe siècle en France* (Paris: A. Colin, 1925), Ch. V. 'L'Antiquité,' p. 387 ss.

ment imités leur ont donné une forme si nouvelle, que leur origine en peut sembler assez incertaine.[38]

De toute façon, et comme nous le ferons ressortir dans le corps de ce travail, nous avons découvert que chacune des trois parties de *Guigemar* reflète une aventure illustre d'Héraclès: la première (l'aventure dans la forêt) est imitée du IIIe travail d'Héraclès: la poursuite de la Biche aux Pieds d'Airain; la seconde (dans le pays de la Dame), du XIe travail du héros, le voyage au pays bienheureux des Hespérides; la dernière (la conquête de la Dame contre Merïaduc), de la lutte d'Héraclès contre Achéloüs, l'homme serpent-taureau, pour la possession de Déjanire. Un aspect de ce combat prénuptial a été fourni par le Livre IX des *Métamorphoses* d'Ovide. Par contre, nous avons écarté Hyginus dont les *Fables* font allusion au "cervum ferocem" et non à la biche aux cornes d'or. Certains détails de l'élaboration du mythe d'Héraclès (chez Ovide et Virgile par exemple) et l'emploi des cornes de la biche appuient la thèse que Marie était consciente de l'emploi qu'elle faisait du mythe. En affirmant qu'elle raconte *Guigemar* "sulunc la lettre e l'escriture" (v. 23), Marie indique donc en toute vérité une source écrite.[39] C'est par des formules de ce genre qu'elle annonce maintes fables de ses *Ysopets*, les fables III, XV, XVI, XVIII, XXXIII, LXV et XCIV, qui effectivement découlent de sources écrites, Esope, Phèdre et autres fabulistes.[40] Cependant, le second terme de l'itération synonymique "la lettre e l'escriture" nous arrête et nous nous demandons s'il est permis de voir dans "escriture" le sens, sans doute affaibli, d'Ecriture sainte ou de texte édifiant (< Lat. eccl. *scriptura*).[41] Les formules des *Fables* comportent exclusivement le mot *escrit*: "Selung la lettre des escriz," etc. Par

---

[38] E. du Méril, p. cxi.

[39] Marie de France, *Lais*, ed. A. Ewert (Oxford: Basil Blackwell, 1944, rpt. 1965). Cf. sa note p. 165: traduit "According to the writing and the text." This interpretation, which is the natural one, implies that Marie followed — in part at least — written sources." La note renvoie à une autre interprétation que nous rejetons, celle de Gaston Paris (in *Rom.* XIV, 605, n. 1): "Cela veut dire: 'Je vous montrerai par écrit, etc.' "
Rychner ne suggère de son côté pas de source biblique.

[40] Marie de France, *Poésies*, éd. B. de Roquefort, T. 2 (Paris: Marescq, 1832).

[41] *Dictionnaire étymologique de la Langue française*, ed. O. Bloch et W. Von Wartburg, 5e édn. (1932; rpt. Paris: PUF, 1968), *s. v. Ecriture*.

contre, dans son *Espurgatoire Seint Patriz*,[42] ouvrage assurément édifiant, Marie emploie *escriture* deux fois:

> je voldrai a ovrir
> Cette escriture... (v. 29-30)
> Vœil desclore ceste escriture (v. 47).

L'emploi de ce mot, que la rime seule justifie peut-être, nous a rappelé les ressemblances verbales entre la description du lit de la nef de Guigemar et une description similaire dans le *Cantique des Cantiques* décelées par Nigel Abercrombie.[43] Nous avons donc cherché dans la *Vulgate* des textes correspondants à la narration du conte, en supposant que Marie, fidèle à sa structure tripartite, aurait voulu éclairer les trois épisodes de son conte par trois passages mystiques. Quitte à revenir sur les détails, nous suggérons que le Psaume pénitentiel 38 de David enlumine le premier; que le deuxième baigne dans l'amour et dans la joie dont vibre le *Cantique des Cantiques*; et que le dernier peut rappeler le combat singulier de Samson ou de David. De toutes façons, pour éviter la systématisation symbolique décriée par Morton W. Bloomfield, il faut tenir compte de l'échelle des valeurs d'influence, et évaluer la multiplicité des sources selon leur poids respectif, à chaque pas de la narration, révisant sans cesse les données. Si nous comparons le conte étudié à une tapisserie, disons que le dessin n'est pas géométrique et nettement découpé en catégories rigides selon les lois de la perspective, mais que des scènes variées se suivent où le faisceau de l'intérêt se déplace, ici sur la terre, là sur le ciel, et là encore sur un coin de forêt ou de mer, souvent tout s'y mélangeant dans une belle irrégularité qui est celle de la vie et de la poésie. Ce "beau désordre" est une illustration de "l'universelle analogie" des symboles qu'énoncera Baudelaire, et dont Suheyla Bayrav[44] a dit qu'elle pouvait révéler aux esprits éclairés du moyen âge la "vérité suprême." C'est cette vérité sans doute dont Marie atteste si souvent l'existence dans ses écrits:

---

[42] Marie de France, *L'Espurgatoire Seint Patriz*, ed. T. A. Jenkins (Philadelphia: Alfred J. Ferris, 1894).
[43] Nigel Abercrombie, "A Note on a passage in 'Guigemar'," *Modern Language Review*, XXX, 1935, p. 353.
[44] Suheyla Bayrav, *Symbolisme médiéval, op. cit.*, p. 19.

> les contes ke jo sai verrais (*Guigemar*, 19)
> l'aventure k'avez oïe verais fu (*Bisclavret*, 315-6)
> que la vérité vus en cunt (*Chevrefoil*, 3)
> Vus dirai, si cum jeo entent
> La verité... (*Eliduc*, 3-4).

Le jeune lecteur de contes de fée, qui désire et qui craint avec passion, se transforme en un homme plus exigeant, dont les mobiles sont essentiellement les mêmes, mais auxquels s'ajoute un besoin de poésie et de vérité où la réalité et la raison ont leur part. Marie de France nous comble, elle dont les mains dispensent féerie et poésie.

Notre désir est donc de soulever un peu, sans le déchirer, le voile symbolique qui enveloppe la vérité de Marie. Et parce que nous-même aimons les histoires de fée, nous ne voulons pas qu'une aride ou dogmatique interprétation déplace jamais la Biche blanche, la Nef merveilleuse et les Nœuds d'amour de *Guigemar*.

Notre travail critique ne consistera pas exclusivement dans le déchiffrage des motifs merveilleux du conte; tout ce qui semblera éclairer la signification symbolique du conte sera étudié en vue d'en découvrir le message. Nous faisons nôtre ici la large définition des éléments symboliques du poème selon Northrop Frye d'où s'ensuit une part importante de notre *modus operandi*:

> ...the use of the word "symbol," which in this essay means any unit of any literary structure that can be isolated for critical attention. A word, a phrase, or an image used with some kind of special reference (which is what a symbol is usually taken to mean) are all symbols when they are distinguishable elements in critical analysis. Even the letters a writer spells his words with form part of his symbolism in this sense: they would be isolated only in special cases, such as alliteration or dialect spellings, but we are still aware that they symbolize sounds. Criticism as a whole, in terms of this definition, would begin with, and largely consist of, the systematizing of literary symbolism.[45]

Tout le poème est symbole puisque toutes ses parties associent leurs sens distincts pour concourir à un sens total. L'explication symbolique de *Guigemar* ici ou de tout autre conte doit être une explica-

---

[45] Northrop Frye, op. cit., 'Theory of Symbols,' p. 71.

tion textuelle totale du poème, où structure, mots, motifs folkloriques s'il y en a, et leurs relations seront analysés. Le signe ou le motif ou l'image ne portent pas seuls le poids symbolique: il faut tenir compte de leurs causes et de leurs effets signifiés dans la narration, du ton du poète, enfin de tout ce que comprend la classique "explication du poème." Le résultat sera la découverte de ce qui est *unique* dans le motif, qui n'appartient qu'à ce poème, qui en fait un motif non pas renouvelé mais nouvellement né. Dans le cas qui nous occupe, l'explication des motifs oblige à la recherche aussi précise que possible de leurs sources et de leurs emplois dans la littérature accessible á un poète du XIIe siècle. Leurs emplois subséquents ont été ignorés, autant que nous le sachions quand nous traitons d'une littérature si mal signée et datée. Nous faisons peu de concessions à la "médiévalité" du poème, tenant que le Symbole est universel dans sa fonction de rendre intelligible et concret l'impalpable, comme Kant tenait que le sens du Beau est universel. Cependant, le sens des mots, le sens des phrases présentent parfois des difficultés dont les solutions sont contestables, auxquels cas l'intuition poétique du chercheur doit venir en aide. La seule différence est que l'écrivain médiéval maniait le symbole avec une plus grande aisance, avec plus de naturel, plus de bonheur oserions-nous dire. Le clerc cultivé qui connaissait deux langues jouait déjà avec un aspect symbolique du verbe. De plus, il est bien connu que la cité terrestre était le symbole de la cité céleste. Pour Marie de France, la poésie, dont le sens caché intimait la vérité et les lois de la Nature, était-elle autre chose que la poésie selon Mallarmé?

> L'expression par le langage humain ramené à un rythme essentiel du sens mystérieux des aspects de l'existence, elle doue ainsi d'authenticité notre séjour et constitue la seule tâche spirituelle.[46]

Ni Marie, qui nous incite à mettre le surplus de notre sens dans ses vers, ni Mallarmé, ni Baudelaire, ne s'en tiennent à la grille forgée

---

[46] Cité par S. Bayrav, p. 13: S. Mallarmé, *La Vogue*, 8 avril 1886. Nous avons profité de l'excellente 'Introduction' du livre de Mme Bayrav, *Symbolisme médiéval*. Elle y donne l'historique de la conception du symbole et trace la liaison du symbole à la mythologie et à la psychanalyse. Nous lui reprochons cependant d'opposer trop vivement la "pensée" moderne à la "pensée" médiévale alors que nous ne voyons que des différences accidentelles.

des mots: ils nous font pénétrer dans la cité des poètes aux forêts bruissantes des symboles familiers.

Enfin, par besoin d'ordre et de clarté, nous suivrons le courant de la narration de Marie dont nous essaierons de découvrir la logique: le symbole l'éclairant quelquefois d'une lumière dense et directe, quelquefois d'une lumière furtive et incertaine. Nous ne reconnaissons d'autre guide que le texte, et n'accusons, dans nos perplexités ou nos errances, que notre mauvaise vue. Le critique désirant pénétrer au-delà du verbe doit être aussi humble que le Chrétien:

> Par seint espirit entenduns
> D'altre vie, mes ne poüns
> Saveir le tut certeinement.
> (*Espurgatoire*, v. 1717-19)

Northrop Frye a lui-même bien formulé les limites du commentaire critique:

> Commentary, which translates the implicit into the explicit, can only isolate the aspect of meaning large and small, which is appropriate or interesting for certain readers to grasp at a certain time.[47]

Cette étude n'étant pas une édition des *Lais* de Marie de France, nous nous sommes servie, pour raisons d'ordre pratique, de la dernière édition, celle de Jean Rychner (1966); toutes références au numérotage des vers, à l'orthographe et à la ponctuation du texte cité doivent s'adresser à cette édition. Il va sans dire que nous avons profité aussi des notes des autres éditions complètes ou partielles (Voir *Bibliographie*). L'édition Rychner a comme les autres de grands mérites, et elle a en plus celui de venir après le travail d'autres érudits que Rychner a étudié et dont il a profité. La tradition manuscrite n'est pas entièrement claire et il y a des passages où les opinions diffèrent entre elles. Le plus notable est celui que nous discutons au chapitre *Le "vert chemin"* (vv. 145-150). Dans ce cas discutable, comme en d'autres, nous avons interprété le texte indépendamment de toute école. Qu'il nous soit permis d'exprimer ici notre gratitude envers tous les érudits qui se sont penchés sur les textes de Marie pour les

---

[47] Northrop Frye, op. cit., p. 87.

goûter et les élucider; sans le plaisir qu'ils ont exprimé et sans leur travail, ce nouveau travail n'aurait pû être fait.

L'intention de Marie de placer Guigemar au fronton de ce recueil est le fait qui a déterminé notre choix de ce conte comme premier sujet d'études. Cette intention d'auteur s'est manifestée en ces deux vers en tête du conte:

> Vos conterai asez briefment
> El chief de cest comencement (v. 21-22),

c'est-à-dire: "je vous conterai assez brièvement au début de ce recueil, comme prélude..." Nous croyons que Marie a employé l'expression adverbiale *el chief* (="au début") subjectivement, la voulant teintée du sens de "premier," et aussi de "plus important, le maître" qui appartenait à l'épithète *chief*.[48] Nous croyons que son intention était d'annoncer un conte qu'elle jugeait être le premier, ou par son art ou par sa leçon, par sa valeur d'*exemplum*. Sur quatre manuscrits qui contiennent le conte de *Guigemar*, H, S, N et P, trois en effet, H, S et N, le placent en tête. A noter que *Guigemar* se trouve aussi en tête dans le ms. N, particulier en ce qu'il est une traduction norroise faite pour le profit du roi de Norvège Hákon Hákonarson (règne 1217-1263). Le ms. Q ne comprend que le seul *Yonec*. Il se peut d'ailleurs que la liberté non codifiée du critique, comme celle du poète, rende superflu ce sèmblant de justification de notre choix.

Enfin, l'auréole de triomphe qui couronne le héros Guigemar nous a plu. Mieux que tous les autres contes, il donne une impression de victoire, de bonheur, et bien qu'il soit, avec *Lanval* et *Yonec*, un des contes dits "féeriques," la victoire du héros est encore plus humaine que miraculeuse. Nous croyons que cela est dû à l'influence mythologique d'Héraclès, le demi-dieu fort et heureux dans ses entreprises, qui s'est surperposée, sans l'effacer tout à fait, à l'influence celtique du beau mortel aimé par une Fée. "L'impression de fatalisme et de destinée contraignante," inhérente selon Jean Marx à l'emploi de la *Geis* irlandaise et des autres motifs qui s'y agrègent,[49] s'est donc

---

[48] *Dictionnaire étymologique*, op. cit., s. v. *Chef*.
[49] Jean Marx, *La Légende arthurienne et le Graal* (Paris: PUF, Bibliothèque de l'Ecole des Hautes Etudes et Sciences religieuses, LXIX, 1952), p. 313.

atténuée par cette superposition. La tension intérieure du poème (fatalité vs. volonté) est réduite par l'acceptation de son destin total — épreuves et joies — par un héros énergique. Limités que nous sommes par les données de notre destin, la volonté d'en obtenir le meilleur en payant le prix des épreuves et des souffrances qui nous échoient, est une déclaration stoïque de notre liberté, limitée, mais réelle.

Le héros est la sublimation de l'homme, mais pour qu'il plaise, il doit être accessible par sa part d'humanité. Par son alchimie poétique aux dosages étudiés de potions et d'antidotes contextuels, Marie a mené à bien la tâche difficile de créer en son "premier" héros un être que l'on admire et qui touche.

La structure du conte de *Guigemar*, d'une complexité intérieure voulue, est cependant claire et harmonieusement équilibrée. Ses parties se détachent sans brusques ruptures, de la même manière aisée avec laquelle le héros est transporté d'un pays à un autre.

L'aventure du chevalier, narrée selon la stricte chronologie des événements, se partage nettement en trois parties distinctes. Le poète a accusé de plusieurs façons cette architecture tripartite et aussi les liens qui séparent et unissent les trois épisodes. La ligne de démarcation entre les parties est un voyage: coupure dans le temps et dans l'espace dont la nef effectue la jointure. Le premier voyage de Guigemar (v. 204) marque la limite entre les deux premières parties; le voyage de la Dame (v. 688) entre les deux dernières. A ce moment, la Dame appartient à Guigemar par le cœur et par la volonté: leurs voyages vers la Petite-Bretagne, séparément, indiquent et leur union et leur séparation.

L'importance structurelle donnée au thème du voyage s'explique par sa fonction symbolique. Les voyages sont faits, grâce à l'intervention du merveilleux, sans qu'il y ait de distractions temporelles ou circonstancielles: cela convient aux transpositions des modes psychologiques. Marie, autrement préoccupée, fait peu de cas de cordages, de voiles, de vent, de vagues et d'équipage, de géographie non plus. L'aventure intérieure fluctuante (de la solitude, à l'amour partagé, à la reconnaissance publique de cet amour) est transformée, transportée en aventure extérieure qui se déplace.

Chaque partie voit l'apparition de son motif merveilleux privilégié: la Biche blanche d'abord, puis la Nef, enfin la Ceinture et le Nœud. Et comme il y a distinction entre ces parties par la différence des motifs, il y a lien entre elles par leur effet: les motifs des premiers laissent un sillage après leur passage, tandis que le sens du dernier était implicitement annoncé par les premiers. Cet effet continu a trait au phénomène de mémoire affective dont il est la représentation poétique. Trois retours en arrière (vv. 313-330; 607-609; 825-834) par le discours d'un personnage qui raconte à un autre des faits passés (Guigemar à la Dame; Guigemar au mari; la Dame à Guigemar) soudent encore la deuxième partie à la première puis la troisième à la deuxième, comme les maillons d'une chaîne.

Une façon de marquer la structure a été, nous l'avons vu, de modeler l'aventure vécue dans chaque partie par Guigemar, sur un haut fait d'Héraclès différent pour chacune. D'où encore continuité (l'aventure totale du jeune Breton inspiré par l'ombre du grand héros mythologique) et distinction (cette adventure se subdivise en trois parties). Marie insiste donc pour que nous recherchions trois sens liés ensemble par une signification totale.

Dans la première partie, Guigemar est seul, comme Héraclès chassant la biche d'Artémis. C'est une aventure effrayante dans une solitude où le jeune héros se trouve vulnérable et impuissant. C'est l'épreuve de l'âme, dont il sort blessé après un combat intérieur douloureux, mais vite il marche vers une délivrance promise dont le talisman est l'amour. L'insuffisance de sa vie antérieure, sans amour, lui est révélée et il va y remédier. Marie se sert d'ores et déjà du mythe selon un usage défini, mais non inventé, par les psychanalystes de notre temps:

> Or, la psychanalyse, aujourd'hui, croit avoir trouvé le sens caché des mythes, non pas dans des données utilitaires, historiques ou morales, mais dans les profondeurs même de l'âme. Des complexes psychiques s'extérioriseraient très souvent sous forme de phénomènes supraterrestres c'est-à-dire de mythologies. La mythologie sera donc *la traduction en langage humain de mouvements et de sentiments qui ont leurs racines dans la psyché humaine.* (Nous soulignons). [50]

S. Bayrav, qui a si bien compris la valeur psychologique du mythe pour le poète, n'a d'ailleurs pas prêté cette compréhension à Marie pour sa confection de *Guigemar,* "pur conte de fée" selon elle. Mais elle ignore ses emprunts à la mythologie grecque, ce qui opère un certain dépassement de "la fantaisie, une fantaisie le plus souvent

---

[50] S. Bayrav, p. 64.

aimable et optimiste"; cela, même sans le modèle grec, est une vue très insuffisante sur ce conte. Dans la deuxième partie, le cœur de l'histoire, Guigemar et sa Dame ont formé le couple prédestiné et goûtent le bonheur, "le bonheur immédiat par excellence," selon Proust, "le bonheur de l'amour." Et pour un temps, dans un pays on ne sait où, dans la chambre près d'un verger qui ressemble à celui des Hespérides, ils oublient le monde. Mais ce bonheur, parce qu'il est privé, est instable: le monde ne permet pas qu'on l'oublie dans des paradis terrestres. Les amants découverts sont séparés, et ils devront payer par leurs souffrances le sceau public qui seul peut garantir la durée de la "Joie": ceux qui doivent conduire les hommes ne peuvent s'isoler; c'est la rançon de leur destin éclatant. Le moment crucial de l'épisode final est en effet public, ouvert sur le monde: les amants se retrouvent, la ceinture est débouclée (ou près de l'être), la chemise est dénouée, le rival est tué dans une bataille épique. La prouesse de Guigemar lui donne à la fois la gloire (le prix), et l'amour (la joie). C'est l'apothéose du chevalier courtois et le commencement de son règne.

Le ton du poème est admirablement modulé selon le mode que l'aventure de chaque partie lui imprime: d'abord sérieux et grave, il se fait tendre et langoureux, puis il vibre d'émotion et d'héroïsme. C'est la coloration dans les grandes lignes du poème, mais il s'y mêle mille changements mineurs, notes légères, amères, tragiques, émues, rieuses surtout,[51] qui apparaissent et se rejoignent dans un réseau où la force et l'amour entrelacent leurs *leitmotive*.

L'architecture spacieuse du conte est encore allégée quand le poète se tourne vers son public (cf. vv. 204-208 et 655-665 par exemple) après une narration particulièrement chargée en émotion et en drame.

Ernest Hœpffner a vu dans ce *lai* une structure binaire.[52] Dans son étude sur *Les Lais de Marie de France,* nous avons vu qu'il a classé *Guigemar* parmi les "lais féeriques," après *Lanval* et *Yonec,* car "il [*Guigemar*] forme en effet une transition entre les purs contes de fée que sont *Lanval* et *Yonec,* et les autres lais tout humains de Marie." Ce caractère de transition que l'éminent critique attribua à

---

[51] R. N. Walpole, pp. 210-225; où l'auteur souligne une fonction primordiale du sourire intermittent de Marie: "a suffused illumination making the fantastic and the supernatural tolerable and pleasing to reason."

[52] E. Hœpffner, *Les Lais...*, p. 82.

ce conte se décèle, selon lui, par une première partie du genre "conte de fée" et par une deuxième "aventure humaine":

> Ce caractère hybride de *Guigemar* me semble surtout tenir au fait que le lai se compose en réalité de deux contes de nature différente: à la base de la première partie du poème, un véritable conte de fée; et une aventure tout humaine, sans aucun élément merveilleux dans la deuxième.

Une dualité inspiratrice existe en effet, mais en profondeur et non pas linéairement, et la zone limitrophe perméable des influences tolère l'osmose.

L'hypothèse d'une coupure structurelle linéaire séparant les éléments féeriques (première partie) des éléments humains (deuxième) méconnaît encore l'organicité du conte où ces deux éléments sont fusionnés dès le début et jusqu'à la fin. Si par "éléments humains" il faut entendre ce qui fait de Guigemar un personnage fictif vivant (sentant, raisonnant, agissant) comme un être de chair, notons qu'un problème humain, psychique, du héros, est annoncé dès le vers 57: "De tant i out mespris Nature." Le premier motif féerique est alors introduit pour faire comprendre ce problème en l'extériorisant. L'humain et le féerique sont un. Le déroulement narratif du conte va suivre une progression psychologique transformée en action que le motif-symbole (abstraction concrétisée) a le pouvoir d'éclairer. L'élément merveilleux ne disparaît pas dans "une deuxième partie du conte": il n'apparaît plus, c'est différent. Ou bien il a épuisé son utilité matérielle (plus de nef: à quoi servirait aux amants de repartir puisque leur destin doit se jouer en Petite-Bretagne et qu'ils peuvent désormais conduire leur barque sans intervention symbolique de l'au-delà); ou bien il se dénoue au niveau narratif (dénouement par l'ouverture de la boucle et du nœud) et au niveau symbolique (l'amour et la fidélité des personnages, reconnus publiquement, résolvent les problèmes originaux). Le héros, une fois la crise psychique résolue, ne nécessite plus un rappel de la Biche: l'accomplissement de son destin d'élection est en bonne voie. La nef, réalisation concrète de deux volontés agissantes, peut faire place à des nefs réelles. Enfin le faon, oublié après une première mention, prend maintenant toute sa signification de bon présage pour la fécondité du couple. L'étude par ailleurs si nuancée et si profonde d'E. Hœpffner nous semble faillir sur ce point qu'il n'a pas vu que Marie se servait du surnaturel en psychologue, et qu'elle l'a fait avec une maîtrise et une logique rigoureuses. Nous ne sommes pas du tout convaincue que Marie fasse preuve "d'une psychologie moins profonde et moins pénétrante" [53] que Chrétien et Thomas. Vouloir départager ces trois poètes serait vouloir peser l'impondérable.

Marie a tissé une seule histoire d'éléments humains et d'éléments merveilleux. C'est par cette conjointure, autant que par celle des épisodes enchaînés, qu'elle révèle dans ses caractères ce qu'ils ont de plus intime et de plus mystérieux, et qu'elle nous émeut par les sens, par l'esprit et par le cœur. Ce faisant, elle a créé de l'unité dans la variété, ce qui est pour nous la définition même de la beauté. On en admire le poète: "En faisant surgir l'irrationnel et le merveilleux dans le décor ordinaire de la vie, ce n'est pas le merveilleux que Marie tue, c'est la vie qu'elle poétise;" [54] et on admire la femme: "Sans une sensibilité vive et juste, Marie n'eût pas été à même de pénétrer, comme elle le fait, les secrets profonds du cœur humain." [55]

---

[53] E. Hœpffner, *Les Lais...*, p. 166.
[54] Jean Rychner, éd. *Les Lais,* Introduction, p. xviii.
[55] Ernest Hœpffner, *Les Lais...*, p. 177.

II

EXPLICATION TEXTUELLE ET SYMBOLIQUE

1. *Les enfances Guigemar* (vv. 1-56)

Les recherches autour du nom du héros, "Guigeimar noment le dancel" (v. 37, ms. H) n'ont conduit jusqu'à présent à aucun résultat intéressant. (Variantes du nom dans les manuscrits HSP relevées par Jean Rychner: Guygemar (H); Guimar, Guimor, Guimaar (S); Gugemer (P). [56] Il est fait mention d'un 'Guingamars' dans *Erec et Enide* de Chrétien de Troyes (vv. 1902-1908):

> Et Greslemuef d'Estre-Posterne
> i amena compaignon vint;
> Et Guingamars ses frere i vint,
> de l'isle d'Avalons fu sire:
> de cestui avons oï dire
> qu'il fu amis Morgant la fee,
> e ce fu veritez provee. [57]

D'après L. F. Flutre, Guigemar et Guingamar sont deux noms différents. [58] D'ailleurs le 'Guingamars' (ou 'Guingas' du ms. B.N. fr. 1450 *d'Erec et d'Enide* de Chrétien) a un frère Greslemuef que le Guigemar de Marie n'a pas; ce dernier n'a qu'une sœur. Et si l'on considère la destinée du personnage de Chrétien, on voit qu'elle

---

[56] Jean Rychner, Variantes sur *Guigemar*, pp. 195-203.
[57] Chrétien de Troyes, *Erec et Enide*, 1902-08.
[58] Louis-Fernand Flutre, *Tables des noms propres avec toutes leurs variantes figurant dans les romans du moyen âge, écrits en français ou en provençal, et actuellement publiés ou analysés* (Poitiers: Publications du C.E.S.C.M., 1962), *s. v. Gingamor, Guigemar, Guingamars.*

s'apparente plutôt à celle du *Lanval* de Marie que de son *Guigemar*. Pour le nom même de Guigemar, J. Rychner signale qu'il est breton d'origine, et qu'il a été porté aux XIe et XIIe siècles par les vicomtes de Léon, "et l'on juge possible qu'une légende semblable à celle que rapporte le lai se soit attachée à l'un d'eux." [59] E. Hœpffner donne même une variante du nom, *Guihomar*, de tradition dans la famille des vicomtes de Léon. [60] D'autre part, le Léon étant le pays natal de Tristan, peut-on voir dans ce choix du nom patronymique de la famille seigneuriale une tentative de rapprochement — pour permettre la comparaison et le contraste peut-être — des deux héros?

La source littéraire du nom, nous la classons sous la rubrique générale d'influence celtique; la source historique, qui serait séduisante à remonter, s'écarte de notre propos. Nous cherchons la signification du conte; et c'est le poème qui donne à l'événement historique sa signification.

Le conte commence sur une note printanière, car Guigemar est à l'avril de sa vie. Il est de haut parage et l'héritier du nom. Ses parents sont les seigneurs du Léon en Petite-Bretagne; ils ont deux enfants, Guigemar et une fille Noguent, tous deux d'une beauté remarquable: "Un fiz et une fille belle... (v. 35), "El reaulme nen out plus bel!" (v. 38). La jeune sœur a un rôle délicatement effacé: l'idole, l'espoir, la fierté de la maison, c'est ce beau fils.

Les "enfances" de Guigemar, fils de baron, sont normales pour un jeune homme de sa caste et de son temps. Marie emploie pour les décrire les expressions consacrées, utilisées par ses contemporains, et ailleurs par elle-même. Cette conformité dans l'éducation des jeunes "valets" souligne une obligation sociale dans un monde féodal très hiérarchisé: à cette éducation particulière, la "fleur de chevalerie" ne devait pas se dérober; c'en était la marque. Mais "Marie de France gibt nicht Anekdoten, sondern symbolisch deutbare Erzählung... 'Problem-Märchen' " [61] et elle nous conduit derrière la façade du monde chevaleresque où évolue Guigemar, dans son monde intérieur et affectif.

---

[59] Jean Rychner, Notes sur *Guigemar*, p. 240.
[60] Ernest Hœpffner, *Les Lais...*, p. 83.
[61] Leo Spitzer, "Marie de France — Dichterin von Problem-Märchen," *Zeitschrift für romanische Philologie*, T. 50, 1930, pp. 29-67. Nous avons lu avec beaucoup de profit cette remarquable étude; pour ce critique, l'amour et la fatalité sont les causes des conflits psychologiques des lais.

Sa mère lui voue un amour intense. Bien que l'amour d'une mère pour son seul fils, beau, bien fait et brave, ne soit pas extraordinaire, le poète appuie sur l'affection de la mère pour l'enfant: "A merveille l'amot sa mere" (v. 39), et elle le fait avec la plus grande économie de moyens, par le seul emploi de l'expression adverbiale *a merveille*. La position stratégique en tête de vers de ces mots pour l'accentuation par le jongleur, et l'emploi par Marie dans *Guigemar* même (vers 119, 187, 197, 271 et 812) de mots de la même famille (*merveille, (soi) merveiller*) pour peindre à chaque fois une émotion intense, nous portent peut-être imprudemment à renchérir sur la valeur d'une expression adverbiale en danger d'être devenue formulaire. Néanmoins, le substantif *merveille* fait partie du vocabulaire religieux du temps et peut encore porter en soi quelque chose des significations latines originelles de merveilleux, de remarquable, d'inusité.[62] A toutes fins utiles, voici les emplois dans *Guigemar* mentionnés plus haut:

> v. 119: *Dunt tut cil s'esmerveillerunt*: il s'agit de la survie du message d'amour chez la race privilégiée de ceux qui aiment, les seuls capables de comprendre et de gloser la lettre. Il s'agit aussi, indirectement, de la survie du poème.
>
> v. 187: *De ceo s'esteit il merveilliez*: Guigemar est monté sur l'étrange bateau et l'a exploré; l'existence même du navire met les facultés sensorielles du héros en doute.
>
> v. 197: *N'est merveille se il s'esmaie*: La nef l'emporte et sa blessure le fait souffrir. Il est au comble du désarroi physique et moral. (*Esmaie* est un mot au sens très fort < Lat. pop. *esmagare = faire perdre son pouvoir.)

---

[62] Alfred Ewert, *The French Language* (1933; rpt. London: UP Cambridge, 1969), § 560: "The introduction of Christianity brought about many changes of meaning, which are, however, not the work of the people; ... MIRACULA, VIRTUTES, SIGNA similarly took the meaning 'miracles of the faith' (O.F. *merveille, vertu, signe*)."
Cf. aussi Guernes de Pont-Sainte-Maxence, *La Vie de Saint Thomas Becket*, ed. Walberg (Paris: CFMA, 1964), illustrant *merveilles* = "miracles" aux vers pp. 76-80:
>> Mes merveilles veums...
>> E plusurs morz i ad par ceo resuscitez.

Il s'agit des miracles accomplis par Saint Thomas Becket.
Cf. aussi l'emploi de *a merveille* par Marie dans *Milun* (v. 444 et 518) à propos de "conjointures" vraiment merveilleuses.

> v. 271: *Si ele ad poür n'est merveille!* La nef apparaît à la Dame: la même impression de terreur et d'étonnement qu'avait connue Guigemar (cf. v. 187) est la sienne.
>
> v. 812: *Li chevaliers s'esmerveillat*: la Dame vient de déplier, avec dextérité, la chemise de Guigemar. L'émotion est à son comble.

Le rôle effectif de la mère de Guigemar, dans la narration, semble pourtant infime. Une seule mention est encore faite d'elle, quand le jeune chevalier revient au foyer familial pour voir "Sa bone mere e sa sorur" (v. 72). Mais cet amour merveilleux n'en est pas moins une force, occulte sans doute mais puissante, dans la vie de Guigemar. Ce sont justement les forces cachées qui vont se manifester symboliquement. Qu'il lui rende son amour est évident: il revient vers elle quand il souffre d'un premier malaise moral auquel il ne sait parer. Et l'animal de sa vision est une biche, aux bois de cerf, portant comme une mère le signe de l'autorité, et se tenant forte et protectrice près de son faon. Sa mère ne sera donc pas étrangère à la connaissance et à la guérison de son problème, ni à son bonheur.

2. *"Nature out mespris"* (v. 57-75)

Dans cette enfance heureuse où tout se déroule dans le cadre d'une société féodale et selon ses lois, un passage du mode majeur au mode mineur dans la narration fait présager d'événements plus sombres: Guigemar est arrivé au plus haut point où peut aspirer un jeune chevalier, au pinacle de la considération générale:

> A cel tens ne pout hom truver
> Si bon chevalier ne sun per (v. 55-56).

Or, par l'effet frappant d'une chute dramatique, le lecteur peut entrevoir l'instabilité de la position du jeune héros, en même temps que le poète le transporte du plan des choses physiques, extérieures et parfaites, à celui des choses morales, secrètes et imparfaites:

> De tant i out mespris Nature
> Ke unc de nule amur n'out cure...
> Pur ceo le tienent a peri
> E li estrange e si ami. (v. 57-8; 67-8).

Selon les lois féodales, Guigemar est prisé au plus haut degré; selon les lois naturelles, il est méprisé. Le mot honni est là: "mespris" qui s'applique en vérité à une faute de la Nature,[63] mais puisque c'est en lui que gît la faute c'est Guigemar qui est visé. Les vers qui suivent:

> En la flur de sun meillur pris
> S'en vait li ber en sun païs (v. 69-70)

insinuent que le mal n'est peut-être pas encore accompli, mais qu'il couve, sans encore se révéler au grand jour. Par le contraste des pensées exprimées par les vers 67-68 d'une part, et 69-70 d'autre part, le poète pose clairement le problème du jeune adolescent, valeureux chevalier, à qui manque encore la susceptibilité à l'amour. Mais arrêtons-nous au mot "Nature" dont une faute a créé la tension qu'il faut apaiser, et cherchons en quoi exactement consiste cette *faute* (< Lat. popul. *fallita, manque, action de faillir).

Avant de chercher ce qu'elle est, éliminons tout de suite ce qu'elle n'est pas: une faille tragique. Nous dirions presque qu'il y a parti pris chez le poète de *Guigemar* de refuser le tragique. Marie a laissé passer plusieurs occasions d'être tragique: la faute de nature aurait pu être irrémédiable, tous les efforts du héros l'enfonçant plus avant et dans le mal et vers le châtiment. La prédiction de la biche aurait pu, dans une ambiguité cruelle, comme celle du Sphinx à Œdipe, donner à Guigemar une fausse idée d'un destin heureux. Et l'amour "merveilleux" de sa mère aurait pu donner au conte une orientation "œdipale" qu'elle n'a pas prise. Nous croyons donc que le refus du tragique dans *Guigemar* a été pleinement conscient de la part du poète.

Marie emploie le mot "nature" quatre fois dans *Guigemar* et une fois dans deux de ses *lais*. Dans *Guigemar*:

> v. 57 *De tant i out mespris Nature*
> v. 214 *Kar ceo purporte la nature* (= comportement)
> *Ke tuit li vieil seient gelus*
> v. 236 (Venus) *Les traz mustrout e la nature* (= manière)
> *Cument hom deit amur tenir*
> *E lealment e bien servir*
> v. 486 *Ceo* (= Amur) *est un mal ki lunges tient,*
> *Pur ceo que de Nature vient*

---

[63] Jean Rychner, Notes p. 240 sur *Guigemar*: Traduction du vers 57: "De tant i out mespris Nature" = Nature y avait commis cette seule faute.

Dans *Equitan*:
> v. 34 *En li* (la femme du sénéchal) *former uvrat*
> *Nature*

Dans *Fresne*:
> v. 236 *Quant ele vint en tel eé*
> *Que Nature furme beuté.*

Ces citations font ressortir que l'amour joue un rôle prépondérant dans le grand œuvre de la nature, et par suite que celle-ci veille à ce que ce rôle soit tenu avec efficacité. Elle crée la beauté physique qui attire (*Equitan* et *Fresne*) et se soucie de la beauté morale qui retient (*Guigemar*, v. 57). Les vers 214-5 de *Guigemar* et ceux de *Fresne* cités nous introduisent dans le système aristotélicien où une source interne de changement opère de toute nécessité: la nature se soumet à la loi du temps selon laquelle le printemps de la vie est le moment de l'éclosion de la beauté et de l'amour.

De quelle façon s'est mépris Dame Nature? De la critique érudite, trois hypothèses ou opinions subjectives émergent: 1. Guigemar est un homosexuel, et si le texte ne l'indique pas clairement, c'est par euphémisme; 2. Guigemar est un violent qui préfère les exercices brutaux (guerre, joutes, chasse) aux jeux courtois; 3. c'est un indifférent. Traitons de chacune dans cet ordre.

Nous ne voyons pas pourquoi Marie, qui est si explicite dans *Lanval* par la bouche calomnieuse de la reine (v. 280-2) et ignore la pruderie dans ses remarques, aurait été ici ou obscure ou circonspecte. Il n'est d'ailleurs pas besoin de voir en Guigemar un homosexuel en herbe ou en gerbe pour que surgisse un drame latent. La gravité de la situation, que l'on peut juger par l'extraordinaire des moyens employés pour y remédier (apparition de la Biche, exil en Nef), réside tout entière dans le rôle de prince que le destin a imparti à Guigemar. Pour être soutenu avec bonheur, ce rôle réclame une bonne reine et des héritiers. Par cette prescription, l'obligation sociale se fait complice de la Nature et veut des chefs modérés et généreux plutôt que des violents ou des égoïstes. Le souci dynastique de la lignée était si aigu sous la féodalité qu'on le trouve dramatisé dans *Tristan* et *Iseut*, dans *Cligès*, dans les contes de Marie *Fresne* et *Equitan*, où les seigneurs sont poussés à prendre femme par leurs barons et conseillers. Les veuves elles-mêmes ont l'obligation de se remarier: ainsi Laudine dans *Yvain*, et Dame Aalais, mère de Raoul de Cambrai. Le refus de cette dernière est à la base du drame et causera la mort de maints barons. Une descendance établie rassure les peuples contre les dangers de guerre intestine, d'invasion, de démembrement de la terre. Nous rejetons donc l'hypothèse discutée comme inutile et qui a contre elle de faire trop parler un texte discret. [64]

Le rapport entre notre héros et Hippolyte, "le chasseur antique, réfractaire à l'amour," [65] est intéressant et mérite qu'on s'y arrête en détail, car ce héros mythologique est à la fois un violent (trop épris des plaisirs de la chasse) et un indifférent. Selon la légende, l'Hippolyte grec (1) se consacrait entièrement au culte de la chaste Artémis (= déesse de la chasse) et (2) négligeait les autels d'Aphrodite (= déesse de l'amour), selon les données dramatiques de l'ouverture de l'*Hippolyte* d'Euripide. Aphrodite courroucée fit naître, pour le punir, en Phèdre un amour à demi-incestueux pour le beau chasseur, le fils de son époux (3). Bien que le jeune homme ait de graves raisons de se plaindre du roi Thésée son père (qui avait tué la mère d'Hippolyte le jour de son mariage avec Médée) (4), il repousse avec horreur l'amour de sa belle-mère (5). Celle-ci l'accuse auprès de Thésée d'avoir voulu la séduire (6); Thésée l'envoie à la mort (7); Artémis le fait revenir à la vie par Esculape (8); on le retrouve sous les traits de Virbius (9), (*hierobios* = vie sainte), ancienne divinité italienne des bois et de la chasse en laquelle Hippolyte aurait été, par les soins de sa divinité, métamorphosé. [66] Il ressort immédiatement de ce résumé

---

[64] Sur l'hypothèse de l'homosexualité, voir notamment:
a. l'idée d'E. Hœpffner ("Pour la chronologie des Lais de Marie de France," *Romania*, T. 60, 1934, pp. 36-66 que, dans le portrait moral de G., Marie se serait inspirée des portraits de Merian et de Malgo par Wace. Voici ce dernier:

> Une sule teche aveit male
> Dunt li Sodomite sunt pale;
> Ne sout l'em en lui altre vice
> Ne se feseit altre malice (*Brut*, 13371 ss.)

Idée non reprise dans *Les Lais...* (1966). Pour Meriau, voir plus loin, p. 47.
b. S. Foster Damon, "Marie de France, Psychologist of Courtly Love," *PLMA*, XLIV, 29, pp. 968-996. Ce critique a parfaitement reconnu que le symbolisme de Marie couvre une analyse rigoureuse des motivations psychologiques de ses héros. Mais ses conclusions sont beaucoup trop catégoriques. G. est pour lui un "perverse sensualist."
[65] E. Hœpffner, *Les Lais...*, p. 28.
[66] Sur la mythographie d'Hippolyte, cf. notamment:
a. Ovide, *Les Métamorphoses*, XV, pp. 493-546.
b. Robert Graves, *The Greek Myths* (New York: G. Braziller, 1959).

que seuls les points (1) et (2) s'appliquent à Guigemar; tous les autres, transformés poétiquement bien sûr, s'appliquent davantage à Lanval, autre héros des contes de Marie. Ainsi, le départ de Lanval en Avalon et celui d'Hippolyte en Némie peuvent facilement s'identifier par exemple. En passant, remarquons que ce sont les points de ressemblance avec *Lanval* (de 3 à 8; 1 et 2 ne s'appliquent pas à Lanval), et ceux-là seuls qui se trouvent dans les *Métamorphoses* d'Ovide. Nous sommes persuadée que c'est là que Marie les y a trouvés, d'où elle les a transposés dans *Lanval*.

Les points (1) et (2), les seuls qui nous intéressent ici, sont donnés à Hippolyte dans l'Antiquité, et parfois aussi à Héraclès. Le départage en fonctions spécialisées des figures mythologiques n'était pas respecté dans la longue période que nous appelons Antiquité, qui précède Homère et s'étend jusqu'au début de notre ère. Et cela particulièrement en ce qui concerne le mythe d'Héraclès, qui "a attiré à lui un grand nombre de mythes grecs d'abord liés à d'autres figures légendaires."[67] Selon Plutarque, il existait en Phocide "un sanctuaire d'Héraclès Misogyne, dont le prêtre, pendant l'année que durait son sacerdoce, devait s'abstenir de tout rapport avec une femme."[68] D'autres liens entre ces deux héros grecs pourraient encore expliquer des confusions mythographiques: Esculape qui à la fois soigne la blessure à la cuisse d'Héraclès et ressuscite Hippolyte; Artémis pour laquelle Héraclès chassa la Biche aux Pieds d'Airain et qu'Hippolyte vénérait exclusivement. Il est donc fort possible que la source latine de laquelle nous croyons que Marie a tiré la légende d'Héraclès lui a fourni les points (1) et (2) de notre discussion.[69] Notre théorie qu'une seule source mythologique, celle d'Héraclès, a parrainé *Guigemar*, n'est donc pas ébranlée.

Source précieuse qui fournit toutes les références littéraires des versions et des éléments des mythes.

c. James George Frazer, *The Golden Bough, A study in Magic and Religion* (1922, rpt.; New York: Macmillan Company, 1951): l'avocat de l'origine rituelle (Nature, Fertilité) des mythes.

[67] R. Flacelière et P. Devambez, *Héraclès, Images et Récits* (Paris: E. de Boccard, 1966), p. 8.

[68] Ibid., p. 9.

[69] A toutes fins utiles, Flacelière fait remarquer que *La Vie d'Héraclès* de Plutarque ne nous a pas été conservée, tandis que sa *Vie de Thésée* a survécu. C'est peut-être dommage pour la confirmation de notre thèse. Op cit., p. 9.

Il est un autre héros populaire, sur lequel nous devons nous arrêter car il a été vraisemblablement connu de Marie,[70] et parce qu'il a la distinction d'être un "descendant" d'Héraclès. C'est Cuchulainn, le *fortissimus heros* irlandais, déjà mentionné à cause de sa force, et maintenant à cause d'une attitude envers les femmes que l'on pourrait qualifier du dernier farouche. Nourri par le roi d'Ulster, son oncle, comme Guigemar par son seigneur Hoilas, Cuchulainn fait aussi preuve de bonne heure d'un courage qui va jusqu'à la démesure, "for when his battle fury was upon him he knew not friend from foe."[71] Les dames de la cour, outrées de sa violence et de sa froideur envers elles, réagissent ainsi: "To overcome him, the ladies of the court appear before him unclad, and, when he shuts his eyes to the sight, he is seized, passed through three vats of cold water, which his fury causes to boil, and his rage departs from him."[72] Ce tableau ressemble peu à ceux brossés par Marie où la conduite des héros, louable ou non, se signale presque toujours par le bon ton et la mesure. On peut présumer que Guigemar était plus proche par ses mœurs des seigneurs français et anglais parmi lesquels Marie vivait, que ne l'était Cuchulainn. Ou que *l'art de la litote* était natural chez Marie.

En effet, l'attitude de Guigemar, en réponse aux avances des Dames de la cour, est réservée, neutre et comme figée dans une immobilité négative et bien élevée: "Il n'avait de ceo talent" (v. 64) souligne "De nule amur n'out cure" (v. 58). Cette négation indique plutôt un vide de cœur, donc la chasteté dans ce qu'elle peut avoir d'extrême, qu'un vice ou une tendance au vice. La démesure dans une qualité confine à un défaut. Mais revenons au texte.

Considérons le passage du vers 57 au vers 68:

> De tant i out mespris Nature
> Ke unc de nule amur n'out cure.
> Suz ciel n'out dame ne pucele
> Ki tant par fust noble ne bele,   60
> Se il d'amer la requeïst,
> Ke volentiers nel retenist.
> Plusurs l'en requistrent suvent,

---

[70] Alfred Nutt, p. 9: "Almost every story about Cuchulainn exists in the two oldest Irish mss. *The Book of the Dun Cow*, transcribed before 1104; and *The Book of Leinster*, tr. before 1154."
[71] Alfred Nutt, p. 9.
[72] Alfred Nutt, ibid.

>   Mais il n'aveit de ceo talent.   64
>   Nuls ne se pout aparceveir
>   Ke il volsist amur aveir:
>   Pur ceo le tienent a peri
>   E li estrange e si ami.   68

Il forme un tout, dans une composition cyclique où le couplet final est lié au couplet initial en relation de cause à effet. Nous y voyons enclose la cause latente du drame intérieur de Guigemar.

Par leur poids, le premier et le dernier distiques semblent enserrer les vers plus légers qu'ils entourent. Cinq vers médians (59-63) décrivent le manège nombreux et coquet des dames, assez semblable, toutes proportions gardées, à celui des dames de Cuchulainn. Le vers suivant dépeint, non la rage, mais la résistance passive du damoiseau. Est-il timide ou orgueilleux? Embarrassé sans doute. Il sait rompre des lances aux tournois mais le sait-il chez les Dames? Plus tard, il refusera même les joutes courtoises avec la femme aimée. Cette attitude négative, disponible de Guigemar, semble témoigner pour nous de beaucoup de sérieux de caractère, teinté d'une certaine naïveté sans doute à cause de sa jeunesse, ce qui n'est pas sans charme et explique le sourire indulgent de Marie. Cela s'accorde avec la tendance de Guigemar, témoignée souvent, d'être porté à réfléchir, de peser ses décisions et de s'y tenir:

>   v. 76: Talent li prist d'aler chacier
>   v. 125: Començat sei a purpenser
>   v. 129: Il set assez e bien le dit
>   v. 161: Li chevaliers fu mult pensis:
>   v. 167: Dedenz quida hummes truver
>   v. 305: Bien seit k'il est venuz a rive.
>   v. 394: Pensis esteit e anguissus;
>   v. 408: Li est venu novel purpens.

Paradoxalement, cet heureux trait de caractère crée la tension qui va forcer le drame sur Guigemar: son sérieux lui fait refuser les jeux courtois quand son cœur n'est pas attaché, et ce sérieux lui fait ressentir plus profondément et le "mespris" de la "Nature" dont il est frappé, et sa conséquence, la déconsidération dont il est logique qu'il souffre. Visuellement, ce passage forme les mâchoires d'un étau qui va enserrer le jeune homme.

L'attitude expectative de l'adolescent, bien que pouvant porter son entourage au malentendu et même à la calomnie, sera récompensée par l'éclosion d'un amour dont le mérite le plus éclatant est d'être unique. Nous verrons que la prédiction de la biche extériorisera le sentiment d'attente pour un bonheur qui ne sera pas trop chèrement payé par les souffrances. Et cette posture morale sera soutenue et amplifiée par sa fidélité envers la femme qu'il aime.

C'est en cette fidélité que notre jeune héros ressemble au roi Mérian du *Brut* de Wace, comme l'a signalé S. Hœpffner.[73] Merian repousse les avances des dames pour conserver son cœur et sa fidélité à sa femme éloignée:

> De dames est mult désiré
> Et mult requis et mult amés
> Mais ainc n'ot de feme talant
> Fors de la soie solemant (vv. 3745-48).

On pourrait dire qu'en Guigemar jeune la fidélité était déjà en lui, à l'état de virtualité.[74]

Notre interprétation coïncide avec celle de Jean-Charles Payen, qui fait ressortir le côté sérieux du caractère de Guigemar:[75]

> Guigemar n'est ni demesuré ni frivole, et c'est précisément parce qu'il attend de l'amour cette plénitude qu'il méprise le plaisir facile et rejette avec dédain toutes les avances, quitte à passer pour péri, c'est-à-dire pour un homme perdu.

A cause de sa jeunesse, et de son inexpérience, Guigemar est incapable de déceler les raisons profondes du problème qui l'opprime par una tension intérieure et par une pression extérieure, donc de le résoudre. Alors monte en lui le désir de retourner vers l'amour

---

[73] E. Hœpffner, *Les Lais...*, p. 83.

[74] Bien que discuter *Lanval* soit hors de notre présent propos, nous voulons seulement signaler en lui la virtualité-actualité contraire: celle de l'infidélité. En s'éloignant de la cour, et en désobéissant à la Fée, il est infidèle. La loyauté ne doit pas être à la merci des circonstances ou de l'objet à qui elle s'adresse. Par contre, la tragédie de Bernier (*Raoul de Cambraï*) est venue de ce qu'il n'a pu se résigner à être infidèle à son seigneur criminel. C'est vraiment la *force* de Guigemar qui le différencie pleinement de Lanval.

[75] Jean-Charles Payen, *Le Motif du repentir dans la littérature française médiévale, Des origines à 1230* (Genève: Droz, 1968); Chap. IV, 'Le Lai narratif,' 305-330: p. 325.

merveilleux et le réconfort maternels qui protégeaient ses jeunes années des complications ambivalentes du monde où l'innocence se confond avec la culpabilité. Ce désir se manifeste par un départ au premier abord insolite:

> En la flur de sun meillur pris
> S'en vait li ber en sun païs (v. 69-70).

Désir insolite, parce qu'il est rare de vouloir quitter les lieux où l'on est choyé et encensé, mais ce l'est moins en vérité parce que son "prix" a baissé. (Cf. v. 67-68) Dans la crise qui commence à se dessiner, c'est donc vers le foyer tendre et sans complications de "sun pere... sa bone mere et sa sorur" (v. 71-72) qu'il va, comme s'il fuyait. Au sein de sa famille, il reste un mois pendant lequel la crise pourrait se dissoudre ou se matérialiser, lorsqu'il lui prend, brusquement encore, le désir de chasser: "Talent li prist d'aler chacier." (v. 76) Le *talent* positif exprimé ici (de chasser) s'oppose donc bien clairement au *talent* négatif exprimé au v. 64 (d'aimer).

3. *La forêt* (v. 79-148)

Le symbolisme de la forêt dans le conte est lié à ceux de la chasse et de l'apparition par un rapport synchronique de temps, et par un rapport de contenant à contenu, ou de cause à effet. Il est donc logique de le traiter séparément et avant les autres. Le fragment narratif de la chasse (v. 76-148) se circonscrit entre une entrée et une sortie de forêt du héros. Considérons donc le lieu de cette aventure sylvestre avant l'aventure même: la structure nous y invite d'ailleurs.

Ce passage dense et mouvementé possède un rythme intérieur qui module en accord avec le sens par quatrains ou groupes de quatrains. Ces variations indiquent les avatars moraux du héros qui passe de la joie d'anticipation du jeune chasseur à la souffrance; puis de la surprise épouvantée à la rationalisation, de la violence brutale à la calme détermination agissante. La narration évolue comme un drame en cinq actes, non pas à cause d'une division trop nettement artificielle, mais de façon naturelle et logique, comme un processus vital. *Exposition*: Désir de chasser, départ en forêt. *Complication*: début de la chasse. Guigemar est séparé de ses amis. *Sommet dramatique*: apparition de la biche, suivie d'actions immédiates et non raisonnées. *Catastrophe*: prophétie de la biche ponctuée de ses plaintes. Le rideau tombe sur la dernière lamentation de l'animal blessé; la coupure du texte, aux vers 122-123, effectuée par la disjonction du seul quatrain de ce passage qui ne soit pas d'un seul tenant, aide à l'illusion. (Ici le jongleur s'arrête pour que l'auditoire retrouve son calme). *Dénouement*: Les réflexions de Guigemar pénétré par la flèche et par la prédiction, immédiatement suivies d'actions. Il renvoie son valet, il se panse, il sort de la forêt. Le drame est dénoué.

Le vers 79: "Al matin vait en la forest," indiquant la direction du chasseur, est intercalé dans l'expression répétée du désir de chasser: l'urgence du désir intérieur est donc mise en valeur par le dynamisme extérieur.

La structure détaillée du passage a mis au clair: 1. la détermination expresse du héros de partir en forêt pour chasser d'abord, avant d'accomplir le voyage de sa destinée. 2. le rôle de prélude du premier départ par rapport au second dont le succès est annoncé. 3. l'évolution soudaine et dramatique dans la personnalité du chevalier qui sort de la forêt meurtri dans sa chair, éclairé sur ses ressorts cachés et sur son destin, et affermi dans sa volonté. 4. la belle ordonnance du morceau, traduisant la logique des voies de la providence-destin, structure l'apparente irrationalité du drame en forêt.

C'est dans ce cadre, limitrophe à l'égal de la mer, entre le ciel et la terre, et dont la luxuriance et la verdeur nous sont décrites: "en l'espeise d'un grant buisson," (v. 89 "l'erbe drue," (v. 101) "un vert chemin," (v. 146) et sont plus accusés par la promesse du moment: "Al matin vait en la forest," (v. 79) que Guigemar va vivre sa première héroïque aventure. La forêt, non pas motif mais large symbole d'une grande force naturelle qui depuis des temps immémoriaux dispense à l'homme le bien — sa flore et sa faune, sa fraîcheur et son hospitalité — et le mal, — les embûches des ennemis cachés et des fauves, ses dédales sans astres où se perdent le voyageur et le chasseur — est la toile de fond où va se dérouler l'étrange chasse du héros. Conduit par une force irrésistible, il pénétrera dans la forêt bruissante et mystérieuse comme dans les replis de ses impulsions latentes. Ce symbole immuable de l'inconscient a particulièrement servi aux écrivains de "matière de Bretagne":

> As the knights of Arthur's court ride off on their lonely adventures, their quest seems to lead them not only into the

dark forests of the Celtic landscape but also into the dim recesses of the human personality.[76]

Et selon l'ambivalence du symbole, Guigemar sera ébloui dans les ténèbres du lieu par une lumière qu'il n'aurait pu distinguer au grand jour.

Une signification de transport hors du temps et de l'espace, un sens de surréalité, s'attachent donc au symbole de la forêt. L'épisode de la chasse de *Guigemar* a ainsi la valeur, dans la réalité fictive du conte, de ce que nous appelons "rêve" dans notre monde sensible. Le passage en forêt de Guigemar aura en effet les fonctions essentielles du rêve: connaissance du moi profond, connaissance de l'avenir, exorcisation de l'inconscient représenté par le mythe et la féerie. Cela revient à dire que le *rêve* est le véhicule sémantique de la chasse dans ce conte.

L'argument pour l'attribution d'une valeur onirique à ce passage se base d'abord sur l'intériorité de la vision, dans ses causes et dans ses résultats.

4. *Le rêve* (v. 76-122)

Nous avons déjà noté l'insistance de Marie sur le fait que la volonté (le "talent") de Guigemar a provoqué la séquence de la chasse, et par conséquent la vision elle-même. Comme sa rentrée brusque au château familial, le départ en forêt est puissamment motivé par le retour d'un malaise qu'il veut dissiper ou oublier dans l'action violente. L'effet de la froideur générale qui l'avait fait revenir chez les siens ne s'est pas forcément atténué puisque la cause n'a pas disparu. Au contraire, dans l'atmosphère familiale capitonnée d'amour où il se retrouve, on peut soupçonner qu'il subit quelques reproches voilés qui le touchent davantage, venant de ceux qu'il aime; et la leçon que diffuse son bonheur en famille n'est certainement pas perdue.

Soudain la nuit, dans le silence et la solitude, le désir le prend de chasser et il convoque ses chevaliers: "la nuit somunt ses chevaliers" (v. 77). Le motif de la chasse n'est donc pas amené comme un *deus ex machina*; il se prépare au contraire logiquement de tout ce qui précède, qui agit plus ou moins consciemment sur le héros, dans le

---

[76] R. N. Walpole, p. 219.

calme propice à la méditation. La vision aura cette fonction du rêve de concrétiser les éléments du problème que Guigemar emporte en lui à la chasse, de les ordonner et de les extérioriser en une image sensible et perceptible à son entendement. Seuls les sens de la vue (= vision intérieure) et de l'ouïe (= entendement) seront touchés pendant l'incident merveilleux de l'apparition de la Biche. De plus, comme si la vision continuait une obsession intérieure en lui donnant corps, Guigemar, qui plus tard sera si étonné de la présence de la nef et qui en raisonnera, n'exprime nulle surprise à la vue de la biche, et quand elle parlera, sur-le-champ il ajoutera foi à sa prophétie. Ce silence est plus significatif qu'une manifestation d'émotion: il énonce un arrêt du dialogue intérieur pendant lequel la conscience accepte ce qui prend forme dans la subconscience.

D'autre part, le valet, qui ne doit pas être loin de son jeune seigneur puisqu'il porte son petit chien, ne voit rien, n'entend rien, ne se rend compte ni des étranges événements, ni du désarroi de ce chevalier. De plus, toute la réalité du monde sensible de Guigemar a disparu pour lui, les chevaliers, les veneurs, le valet, le grand cerf; seul l'aboi du chien va percer son monde de la surréalité où il a pénétré. Et cet aboi donnera à la vision de la réalité, à cause de ce qu'il (l'aboi) est connu comme fait réel par Guigemar. Si le lecteur consent à faire abstraction de son incrédulité, et à pénétrer dans la réalité de la fiction, il reconnaîtra que le poète raconte l'événement d'après les dires du seul témoin de la vision. Et justement parce que l'image blanche a parlé, donnant le "sen" de sa "matière" incorporelle, elle a prouvé qu'elle était l'émanation même du subconscient du héros, l'extériorisation de son problème transformé en solution. Car, ayant réalisé sa forme (=la forme du problème qui était fait auparavant de morceaux disjoints, séparés, incompréhensibles), elle offrait un sens que maintenant la parole, logiquement et nécessairement, doit traduire en réalité perceptible.

L'ambiance particulière au rêve existe dans les circonstances mêmes de l'aventure. Le chasseur fatigué après une nuit blanche, séparé de ses compagnons, s'assoupit sur son cheval; il traîne à l'arrière comme dans un songe pénible où l'on s'efforce à avancer, à rejoindre. Il est symboliquement le "péri" (=le perdu). Dans cet état mental, dans cet état second, le jeune chevalier va passer du plan réel au plan de l'irréalité. La blessure est facile à expliquer dans cette perspective: quelque branche basse frappant le cavalier endormi expliquerait le coup et la tombée de cheval. L'aboi du chien aura été le stimulus qui fait (dans le rêve) partir la flèche. Mais il n'est pas besoin d'une telle rationalisation, puisque le symbole de la forêt a, dans la fiction, la fonction du rêve dans le monde où nous vivons. Et comme la Fénice de *Cligès* prend son monde fictif pour le monde réel, nous laissons Guigemar croire à la réalité de son rêve, qui est, selon Frédéric Gaussen, "un symbole de l'aventure individuelle, si profondément logé dans l'intimité de la conscience qu'il échappe à son créateur." [77]

Dans les écrits bibliques, rêves et visions abondent, tous de source divine, envoyés aux rois aimés ou honnis, dans leur gloire ou leur défaite, et aux sages qui les élucident et avertissent les peuples. La distinction entre rêve et vision n'est jamais nette, sans doute parce que les deux participent de la révélation divine et sont des expériences personnelles. De toute façon, les visions n'apparaissent qu'aux rêveurs ou aux hommes transportés dans l'extase. Souvent dans les rêves bibliques, une promesse de descendance est faite: dans la *Genèse* (Chap. 15), Dieu promet à Abram un fils né de ses propres entrailles qui héritera de la terre. Au Chapitre 28, Jacob rêve d'une échelle qui monte vers le ciel et une belle prospérité dynastique lui est promise; aux Chapitres 37, 40 et 41, Joseph rêve et il interprète aussi les rêves du Pharaon; Daniel (*Daniel*, Chap. 2, 5, 7 et 8) a ce même double rôle. Sa vision des quatre bêtes sauvages (Chap. 7 et 8) a ceci de frappant que la quatrième a quelque ressemblance avec la bête de Guigemar: elle a des cornes extraordinaires et une bouche qui énonce des choses grandes, mais qui restent ambiguës en dépit de la tentative d'éclaircissement de Gabriel. C'est donc la valeur prémonitoire de ce symbole, flottant la nuit dans la conscience endormie des mortels, qui retient leur attention et joue sur leurs craintes ou leurs désirs. Ces sources bibliques de rêves et de visions, familières au poète, accentuent le côté prophétique de l'apparition de Guigemar. D'ailleurs, prince comme les chefs de l'Ancien Testament, il est digne de la sollicitude des puissances du destin.

D'autre part, le pays des Hyperboréens est encore le pays des rêves; Héraclès y chassa une biche en tout point semblable à celle de Guigemar, blanche, et dont les cornes ont la forme du croissant d'Artémis.

---

[77] Cité dans *Dictionnaire des Symboles*, s. v. *Rêve*.

La thèse du rêve nous fait découvrir une richesse de motifs folkloriques insoupçonnés de Mary K. Ferguson dans notre conte, selon l'Index Stith Thompson: [78]

D.1810.8.2	Information received through dream
D.1810.8.3	Warning in dreams
D.1812.3.3	Future revealed in dreams
D.1814.2	Advice from dream
D.1976.2 (?)	Future spouse met during magic sleep
H.1217	Quest assigned because of dream
H.1381.3.1.2.2.	Quest for girl seen in dream
J.157	Wisdom (knowledge) from dream [79]
T.11.3	Love through dream
D.1960	Magic sleep
D.1978	Waking from sleep

La fonction dynamique, prophétique et dramatique du rêve en général est inhérente à celui-ci.

La question logique suscitée par l'interprétation de la vision de Guigemar en songe (rêve, distraction pathologique ou état second) est celle-ci: Pourquoi Marie n'aurait-elle pas dit tout simplement que Guigemar "sunjat" comme il est dit de Charlemagne? [80] C'est que Marie se trouvait dans la zone limitrophe de la tradition littéraire où, avec la matière de Bretagne, le merveilleux intervient sans justification, alors que commence une tendance qui ira s'affermissant, d'expliquer "the fantastic machinery of the allegory" par le rêve. [81] Les premiers représentants de ce qui allait devenir une convention bien vivante jusqu'aux rêves de plus en plus subtils des "baroques," furent, d'après W. A. Nielson, Andreas Capellanus et l'auteur de *Li Fablel dou dieu d'Amours* (début du XIIe siècle): là les amoureux savent qu'ils ont rêvé. Dans ce dernier conte, l'auteur dit ouvertement qu'il connaît le commentaire de Macrobius sur le *Somnium Scipionis* de

---

[78] Mary K. Ferguson, "Folklore in the 'Lais' of Marie de France, *Romanic Review*, LVII, 1, Feb. 1966, pp. 3-24.

[79] Ce motif est particulièrement approprié à la situation, puisqu'il en résume les effets.

[80] *Chanson de Roland*, édn. Joseph Bédier (1927, rpt. Paris: H. Piazza, 1964), v. 719.

[81] W. A. Neilson, *The Origins and Sources of the 'Court of Love'* (Boston, Harvard University Press; *Studies and Notes in Philology and Literature*, 1899), Vol. VI, pp. 41, 48, 52, 104 et 213.

Cicéron, source première de la forme du rêve dans la littérature médiévale. Nous croyons que Marie, par un désir de clarté et de vérité qui lui est propre, elle

> dont le symbolisme ne s'exprime jamais dans un texte vague, bien au contraire, et qui aime la précision concrète et rationnelle, toute simple et toute présente même dans le merveilleux..., [82]

a bâti consciemment la structure rationnelle d'une vision rêvée pour supporter la séquence de l'apparition. Et, femme, Marie aime sans doute le mystère de la vision inexpliquée. C'est le mélange aimable, dans l'inspiration artistique de ce poète, de la double influence d'Apollon et de Dionysos signalée par Nietzsche.

Deux critiques ont noté, sans précision, que les poèmes de Marie de France suscitent une atmosphère de rêve: Leo Spitzer:

> sie gibt träumerisch aufgelöste Thesen, 'Problem-Märchen,' Problematisches, Vieldeutiges — Lebendiges. [83]

et Gustave Cohen:

> [elle] a un charme prenant qui n'est qu'à elle, apte à tisser la gaze légère du rêve et les nues floconneuses des brouillards dont s'enveloppent son action et ses personnages... [84]

D'autre part, J. Wathelet-Willem, scrutant le *Lanval* de Marie, y décèle cette atmosphère prenante de "songe" que nous remarquons ici: Lanval agit "comme dans un songe"; puis il est "tout absorbé dans son rêve." [85] Il s'agit précisément du moment de l'arrivée des demoiselles, messagères de la Fée. En fait, il s'agit d'un état second, dû à la tempête intérieure de Lanval, semblable à celle de Guigemar, mais pour d'autres causes. Et l'abattement précède, chez les deux héros, l'apparition de la messagère de l'Autre-Monde.

L'étrange scène, où la réalité (les jeunes chasseurs, la meute et le grand cerf) s'efface dans le lointain, tandis que le surréel (biche et

---

[82] Jean Rychner, Notes, p. 277.
[83] Leo Spitzer, p. 66.
[84] Gustave Cohen, *La vie littéraire en France au moyen âge* (Paris: Tallandier, 1949), p. 113.
[85] J. Wathelet-Willem, p. 672.

faon) apparaît au premier plan en couleur aveuglante et lustrale, allie la beauté poétique au mystère. Elle évoque la croyance médiévale dans une chevauchée fantastique qui annonçait l'apparition des fées:

> J'oï le maisnie Hellekin
> Mien ensïent, ki vient devant...
> Venront dont les fees après... [86]

Ceci prouve encore combien le motif de la chasse était lié aux apparitions fantasmatiques. Le pays des fées de Guigemar est le pays des rêves: imaginaire, subjectif et révélateur du moi. C'est la première étape vers la sagesse.

5. *La chasse* (v. 76-144)

L'évident plaisir de Marie à émuler le jeu capricieux de la destinée se manifeste ici. La vision de la biche se place sur un plan que nous avons assimilé à celui du rêve pour signifier son irréalité, ou plutôt sa surréalité, tandis que sur le plan réel se situe une vraie chasse au grand cerf avec les grands chiens découplés et les veneurs, à laquelle Guigemar ne va pas participer. Et voilà que le monde se renverse, que ce qui était réel se perd à jamais dans le lointain pour ne plus reparaître, et que ce qui était fantasmagorie prend de la consistance et est maintenant la seule réalité. Dans le monde féerique à trois dimensions, nous avons suivi Guigemar dans l'Autre-Monde. Mais avant d'y regarder, nous allons étudier la symbolique du sport cynégétique en général et bien peser sa valeur thématique.

Au XIIe siècle, la chasse eut dans la littérature la place importante qu'elle tenait dans les mœurs. La chasse n'était pas jeu de vilain mais sport de roi:

> Tandis que la chasse était libre, elle est devenue, à l'époque féodale, un privilège noble jalousement gardé: aucune punition n'est plus assez sévère pour châtier les violateurs du privilège seigneurial. [87]

---

[86] Adam le Bossu, *Le Jeu de la Feuillée,* édn. Ernest Langlois (Paris: Les Classiques français du moyen âge, 1951), v. 578-582. Pour signifier la descendance celtique de la croyance, référence à "Morgue li fee" est faite au vers 596 de ce *jeu.*

[87] Jean Calmette, *La Société féodale* (Paris: Armand Colin, 1923), p. 146.

Dans son *Histoire de la Chasse,* Dunoyer de Noirmont indique que "les nobles sciences de la vénerie et de la fauconnerie tiennent le premier rang dans l'éducation donnée aux jeunes princes de la maison ducale de Normandie, comme l'atteste le *Roman de Rou*." [88] Ce noble jeu convenait bien au futur seigneur du Léon qui, à l'instar du roi Arthur, convoque ses chevaliers quand il lui sied de chasser.

Cependant ce sport violent, qui demande endurance, ruse et mépris du danger de la part de qui s'y adonne, a des côtés brutaux: hallali, mise à mort d'une bête qui n'est pas toujours féroce, et quelquefois mort accidentelle et sanglante du chasseur. Ce même historien conte encore que, de père en fils, les ducs de Normandie étaient des chasseurs effrénés et que plusieurs histoires de chasse tragiques enrichissaient le folklore normand. Ainsi périrent à la chasse Richard, fils de Guillaume le Bâtard, en 1081; Richard, fils du duc Robert et neveu de Guillaume le Roux, en 1100; enfin ce roi lui-même au mois de juillet de la même année.

La chasse est donc une occupation essentiellement masculine, comme les joutes, la quintaine et la guerre, où Guigemar se complaît. Là pas de complications émotionnelles: la force et le nombre assurent la victoire. Mais la nature, soucieuse d'équilibre et de mesure, veut que les éléments mâles et femelles se fondent pour assurer l'ordre et l'harmonie nécessaires à ses plans. Le premier événement dramatique majeur du conte agira en remède homéopathique [89] en forçant le héros à pénétrer dans le monde mixte où son destin d'héritier s'accomplira. Sa guérison réparera le seul défaut visible de sa cuirasse resplendissante: un orgueil renforcé par la timidité et une brusquerie de jeune sportif mal léché. Bien à propos, les artistes des cathédrales représentaient l'Orgueil sous l'aspect familier d'un cavalier désarçonné, et comme ils se moquent de lui! *Orgueil, si cume il trébuche!* [90]

L'aspect brutal de la chasse livre donc plusieurs leçons dont une était déjà implantée dans la source antique du motif de la Biche aux pieds d'airain pourchassée par Héraclès: l'appoint nécessaire de l'élément féminin ne doit pas s'effectuer par la violence de l'homme

---

[88] Baron Dunoyer de Noirmont, *Histoire de la Chasse, en France depuis les temps les plus reculés jusqu'à la révolution* (Paris: Bouchard-Huzard, 1867), Tome I, Chap. III, 'Epoque féodale, du Xe au XVe siècle,' p. 80.

[89] J. G. Frazer, Chap. III, p. 14.

[90] Emile Mâle, p. 123: cf. en particulier sculptures des cathédrales d'Amiens, de Chartres, et rose de Notre-Dame de Paris.

mais par la voie courtoise. Artémis, la déesse pour laquelle Héraclès avait attrapé la biche à cornes, avait admonesté le chasseur pour sa rudesse à clouer la biche au sol par une flèche. Héraclès blâma la nécessité et fut pardonné.[91] La même leçon va constituer pour notre héros le commencement de son éducation morale qui doit, pour être utile, compléter son éducation corporelle de jeune vassal. Cette éducation ne consiste pas d'ailleurs en un rejet total de la psyché instinctuelle (ce qui est pour Jung le symbole de l'animal), mais bien une intégration qui doit effectuer l'unification de l'individu, la plénitude de son épanouissement.[92] Il n'est pas sans intérêt de noter que la chasse était un moyen particulièrement prisé par les anciens Grecs comme discipline du caractère, ainsi qu'il ressort du *Cynegeticus* de Xenophon et des *Lois* de Platon.[93]

Héraclès, dont l'éducation sera entreprise par Dame Areté elle-même (Cf. *infra*, p. 134) est aussi représenté dans une relation aimable avec la biche mythologique consacrée à Héra, déesse de l'hyménée, d'où le jeu subtil du chasseur chassé, souvent exploité, et dont l'ombre n'est pas sans persister dans notre conte.

Reto R. Bezzola partage en profane et en sacré la valeur symbolique de la chasse au moyen âge. Nous verrons que les parois d'interprétation ne sont pas étanches. Du côté mystique, "elle était pour l'Eglise le symbole de la conversion du pécheur et de la chasse à la Vertu."[94] Le plus parfait exemple de cette chasse mystique est celle de Saint Hubert, *patron* des chasseurs (et cela quelque peu paradoxalement). Hubert était un jeune seigneur d'Aquitaine qui vivait à la cour de Pépin d'Héristal au VIIIe siècle. Il participait à tous les plaisir de la cour et était particulièrement épris de chasse, puisqu'il s'y adonnait même les jours destinés par l'Eglise au jeûne et à la prière. Chassant un vendredi saint dans la forêt des Ardennes, il vit un cerf blanc portant un crucifix entre les cornes. Frappé de surprise et de terreur, Hubert fit un retour sur lui-même et se réforma, et

---

[91] Robert Graves, p. 111. A noter qu'une brève mention du IIIe travail d'Hercule est faite au Livre VI de l'*Enéide* de Virgile, où Marie a dû le voir confirmé.

[92] *Dictionnaire des Symboles*, s.v. *Animal*.

[93] Werner Jaeger, *Paideia: the Ideals of Greek culture*, traduit de l'allemand (New York: Oxford University Press, 1944), Tome III, Livre IV, 'Xenophon: The Ideal Squire and Soldier,' p. 177 ss.

[94] Reto R. Bezzola, *Le sens de l'aventure et de l'amour (Chrétien de Troyes)* (Paris: La Jeune Parque, 1947), p. 258, Note 34.

plus tard devint prêtre puis évêque de Liège.⁹⁵ La légende de Saint Hubert, très répandue au moyen âge, a pû influencer Marie dans son portrait de Guigemar. Ce dernier partage plusieurs traits avec ce célèbre chasseur: la vie ardente de jeune chevalier qu'il menait avant sa conversion (> conversion profane, par l'amour, de Guigemar); un amour de la chasse si effréné qu'il s'y adonnait à un temps prohibé (selon toute apparence, et nous y reviendrons, Guigemar chasse en *temps de repos,* i.e. prohibé par les lois du temps); enfin sa vision réformatrice.

Le saint et Guigemar sont en effet tous les deux coupables d'une passion immodérée pour le sport cynégétique qui les faisait chasser en temps prohibé par l'Eglise ou par la sage coutume. Par recoupement, si nous tenons pour exactes les vagues informations du poète sur les dates, la fatidique partie de chasse aurait eu lieu en hiver puisqu'un an et demi plus tard, "al tens d'été" (v. 543) lui et sa Dame furent découverts et séparés: donc la chasse eut lieu entre septembre et mai, temps prohibé. Nous nous référons encore à l'*Histoire de la Chasse* de Noirmont. Dès l'époque des Carlovingiens, la règle du *temps de repos* (chasse interdite) et du *temps de cervaison* (chasse permise) qui alternaient, était en vigueur:

> Les veneurs, dans l'intérêt de la reproduction de l'espèce, non moins que dans celui du garde-manger, cessaient de chasser le cerf à la Sainte-Croix de Septembre (le 14), époque du commencement du rut, pour ne reprendre qu'à la Sainte Croix de mai (le 3 mai) lorsque les cerfs ont leur tête à demi refaite et entrent en cervaison, témoin le vieux dicton: *Mi mai, mi teste; mi juin, mi graisse; A la Magdeleine* (22 juillet), *venaison pleine.*⁹⁶

Il est probable que la chose était immédiatement comprise par les contemporains de Marie. Ce raisonnement, basé sur un recoupement que nous ne croyons pas hasardeux, est confirmé par la présence du jeune animal près de sa mère: "une bise od sun foün" (v. 90).

---

⁹⁵ C. E. Clement, *A Handbook of Christian Symbols and Stories of the Saints* (Cambridge: Riverside Press, Ve edn., 1895), pp. 143-4.
Cf. aussi *Encyclopaedia Britannica*, édn. 1952, s. v. *Hubert, St.*
⁹⁶ D. de Noirmont, pp. 449-450. Bien noter sa remarque: "dans l'intérêt de la reproduction de l'espèce," qui s'accorde au thème dynastique du conte.

EXPLICATION TEXTUELLE ET SYMBOLIQUE   59

Certains motifs des mythes primitifs du cycle solaire (Soleil chassant la Lune; Disparition et Renaissance du Soleil), et liés au culte de la Nature ou de la Végétation (Lune, protectrice de la végétation, déesse de la fertilité) sont descendus, en évoluant — affluents d'un grand fleuve — jusqu'à la mythologie irlandaise; et à leur tour, les motifs irlandais ont arrosé de leurs eaux fertilisantes le cycle arthurien et la "matière de Bretagne." [97] Le motif de la chasse en particulier s'est modifié et est devenu un des principaux symboles illustrant le thème appelé "dynastique." Les motifs de ce thème abondent dans *Guigemar*. Que le souci du retour du soleil ou de la fertilité et de la végétation ait fait place au souci dynastique tandis que les peuples s'agrégeaient en tribus puis en dynasties, cela est parfaitement compréhensible. Et le sens magique du symbole a couvert cette nouvelle préoccupation des peuples. Le thème dynastique assume la double signification du motif de la chasse: glorieuse (chasse royale, occupation du dieu ou demi-dieu "solaire," Apollon, Héraclès, Hippolyte, etc., et du saint) et amoureuse (désir talonnant le chasseur; chasse ou exploits précédant le mariage, etc.). Cela est surtout vrai dans la mythologie et dans les vieilles légendes irlandaises; dans la "matière de Bretagne," la deuxième signification a pris le pas sur la première. Dans *Guigemar*, l'idée dynastique est à égalité avec celle de l'amour: Héraclès est bien présent dans le conte, mais l'amoureux celtique est puissamment représenté aussi.

Rachel Bromwich rapporte que dans la légende et la mythologie irlandaises le thème dynastique était à l'origine souligné par deux principaux motifs: celui de la "Transformed Hag" (=la vieille transformée en jeune femme) et celui de la "Chase of the White Stag" (=chasse au cerf blanc). [98] Dans les romans arthuriens, le premier de ces motifs allait disparaître mais le second substituerait, avec variante de bête blanche (cerf, biche, ours, sanglier). Enfin, le second finirait par n'avoir qu'une valeur conventionnelle de signe plutôt qu'une valeur symbolique intrinsèque, par n'être qu' "un lieu commun littéraire" (=a literary commonplace), ce que S. Foster Damon appelle "stock form known as *Jagdallegorie*" dans le folklore. [99] Le motif de

---

[97] Rachel Bromwich, "Celtic dynastic themes and the Breton Lays," *Etudes celtiques*, IX, 1961, Fasc. 2, pp. 439-474. L'auteur fournit une bibliographie exhaustive sur ce sujet.
[98] Rachel Bromwich, p. 444.
[99] S. F. Damon, p. 979.

la Chasse à la Bête Blanche a certainement cette valeur de signe dans le pseudo mabinogi *Gereint et Enid*.[100] A la mention du cerf blanc, dont le port est fier et orgueilleux à cause de sa royauté, le roi Arthur ordonne la chasse, et l'aventure (celle de Gereint et d'Enid) commence. Il a encore ce sens dans *Erec et Enide* de Chrétien de Troyes, qui descend du conte breton: la chasse au cerf blanc, tout bel ornement qu'elle soit dans son *primerain vers,* n'en est pas moins hors-texte. Ce faisant, nous reconnaissons pourtant que Chrétien a su envelopper ce motif de poésie et de mystère, évocateurs de la beauté de l'amour et de l'aventure insignes des deux jeunes époux:

> an la forest avantureuse
> cest chace iert molt merveilleuse...[101] (v. 65-66).

Le motif employé chez Marie dépasse cette valeur de signe. La chasse est essentielle à l'intrigue; elle est la première grande action du conte.

Marie a sacrifié le motif de la Vieille Sorcière Transformée. Cela veut-il dire qu'elle ne l'a pas connu? L'art du poète est un choix de mots, d'images, de mythes. Les motifs que Marie utilise n'offensent pas les goûts les plus délicats: biche blanche, nef riche et merveilleuse, oiseau, cygne, chèvrefeuille et rossignol). Elle aime encore les enluminer de couleurs rares et exotiques (description de la nef, du lit, de la chambre de la Dame, dans *Guigemar*). La laideur repoussante du motif du *Bisclavret* fait tache à ces vignettes élégantes, mais justement tout le sens de ce conte réside dans la laideur du malheureux. (Incidemment, c'est le seul autre conte avec *Equitan* où le poète utilise le thème de la chasse. Est-ce pour indiquer la royauté, la noblesse qui se cache sous la pelure affreuse du loup-garou et sous la pourpre du sire des Nauns? Ou ne cherchaient-ils pas, eux aussi, la guérison de leur psyché souffrante dans les bois?) Dans le folklore irlandais, les deux thèmes, *Hag* et *Stag*, ne font pas double emploi: Gawain par exemple [102] fait preuve d'une singulière force de caractère

---

[100] *Les Mabinogion du "Livre Rouge de Hergest,"* tradn. du gallois avec Introduction par J. Loth, Tome II (Paris: Fontemoing, 1913), pp. 123 ss.
[101] Reto R. Bezzola, p. 95. Il a exprimé avant nous cette pensée que nous partageons: "Dès le début de la lecture, l'attente du surnaturel plonge donc l'auditoire dans cette atmosphère mi-réelle mi-féerique... un des charmes les plus attrayants du roman..."
[102] Héros du *Weddynge of Sir Gawen and Dame Ragnell;* dont le résumé est donné par Rachel Bromwich, pp. 444-445.

en acceptant, pour l'amour de son roi, le baiser de la sorcière. Par ailleurs, la chasse au cerf témoigne de sa force physique et de son endurance. Double signification, force morale et physique, gardée par Marie, mais représentée par d'autres moyens.

Un motif subsidiaire, commun aux histoires irlandaises, est la séparation du héros de ses compagnons de chasse.[103] Cette séparation est la marque d'élection du héros choisi par la destinée, et aussi de la solitude, celle des élus, celle des chefs, où le héros va se trouver avec sa conscience, dans la bataille qui engage son destin. La bataille du héros arthurien ne se livre pas au milieu de trente mille compagnons; elle ne se gagne pas à la chasse avec cent; elle se combat seul à seul avec un sanglier féroce ou une biche au pouvoir surnaturel. Roland n'a sa minute de vérité et de solitude, sans défense, sans épée et sans gant, que lorsqu'il va mourir. Qui dira si la bataille épique est plus difficile à gagner que celle qui se livre "into the dim recesses of the human personality"[104] du chevalier breton?

Dans les histoires où figure le roi Arthur, c'est lui qui ordonne la chasse, mais Gauvain, ou Erec, est le héros de l'aventure annoncée.[105] Dans les lais du *Graelent* et de *Guingamor*, dont l'intrigue ressemble fort à celle du *Lanval* de Marie, et n'est pas étrangère à celle de *Guigemar*, le héros de qui la Reine est éprise et envers qui le roi est ingrat, s'éloigne de la cour et rencontre dans la forêt une biche blanche. (D'autre part, dans *Lanval*, ce sont trois pucelles et non pas un animal blanc, que le héros rencontre). Dans *Guingamor*, la reine, furieuse des dédains du héros, propose pour le perdre la chasse au "blanc pors." Guigemar a la singularité d'être *le héros qui ordonne sa propre chasse*. Quel sens doit-on donner à l'indépendance de Marie envers la tradition? Marie a-t-elle voulu appuyer sur la qualité princière du jeune héros, sur son orgueil, sur sa libre volonté? Veut-elle qu'il garde le rôle de chasseur et non celui de proie? N'a-t-elle pas changé les données folkloriques dans le but de peindre un chevalier de son temps? Un peu de tout cela, sans doute. L'orgueil de Guigemar est souvent

---

[103] Rachel Bromwich, p. 453.
[104] Ronald N. Walpole, p. 219.
[105] Il y a là survivance de l'ancien thème dynastique où le roi ne doit pas être exposé au danger ou à la mort. Nous retrouverons cette signification dans le motif du Roi Méhaigné que nous discuterons au chapitre "La Blessure."

attesté; il ne faut pas méconnaître non plus le rôle de chasseur-chassé qu'assume tout amant heureux, sans bien le savoir: tel est bien pris qui croyait prendre. Mme J. Wathelet-Willem,[106] sur la parole de la fée que le chevalier du lai de *Graelent* croit avoir séduite: "Por vos ving ça a la fontaingne" (v. 329), remarque: "l'homme n'était pas le chasseur, mais la proie." Nous ne sommes pas sûre qu'il y ait intention d'amoureux persiflage; cette parole dramatise plutôt, à notre avis, la rencontre du chevalier et de son destin: *Por vos*: "Pour vous seul, l'élu..." Le vers 330 qui suit: "Je souferé por vos grant painne," du *Graelent*, refuse au discours de la fée la légèreté de ton qui conviendrait à l'ironie. L'élection du héros dans les contes celtiques est un élément très dramatique; elle comporte honneur et danger; cette ambivalence est un sens corollaire de la prédiction faite à Guigemar où l'amour merveilleux et la souffrance sont annoncés. Nous verrons encore comment Guigemar diffère du héros celtique qui accepte son destin; lui, le héros fort qui se veut invaincu, qui a la conscience intuitive de son destin, il y court, en dépit de sa blessure: "Hastivement del bois issi" (v. 327).

Des légendes irlandaises anciennes aux romans arthuriens, le sens du motif de la chasse à la bête blanche s'est donc modifié ainsi:

1. *Thème dynastique* (=royal): la bête représente une fée déguisée, dont l'apparence précède une visite à l'Autre-Monde par le héros choisi. Cela se produit dans les histoires associées avec d'anciens rois bretons.[107] Il exprime une préoccupation vitale chez les peuples primitifs.

2. *Thème d'amour courtois*: le motif représente "la chasse amoureuse," selon Jean Frappier, "un leurre envoyé par une fée pour attirer auprès d'elle, dans l'Autre-Monde, celui dont elle désire l'Amour."[108]

---

[106] J. Wathelet-Willem, p. 668.
Cf. aussi E. Margaret Grimes, Ed. *The Lays of Désiré, Graelent and Melion* (N.Y. Institute of French Studies, 1928), Intro., p. 21.
[107] Rachel Bromwich, p. 463.
[108] a. Cf. Jean Frappier, *Chrétien de Troyes* (1957; rpt. Paris: Connaissance des Lettres, 1968), 90.
b. Rachel Bromwich a noté aussi la transition du thème dynastique au thème amoureux depuis le *Pérédur* celtique jusqu'au *Perceval* français.
c. S. Foster Damon, p. 979.

3. *Signe précurseur de la merveilleuse aventure*: le départ à la chasse des chevaliers agit dynamiquement sur l'imagination de l'auditoire qui peut ajouter un sens plus ou moins plein d'amour et de souci dynastique à ce signe. La chasse est un incident de l'intrigue qui pourrait, sans dommage structurel, être enlevé et remplacé par quelque autre action; mais sa valeur symbolique la rend très précieuse au conteur. Cette valeur conventionnelle avait sans doute une importance capitale au temps où les histoires étaient plus entendues que lues.

Le thème de la chasse dans le conte de *Guigemar* possède ces trois sens. C'est le "grant cerf" plutôt que la biche qui servait de signe.

6. *La biche* (v. 90-122)

La Biche n'apparut qu'au seul Guigemar; la scène décrite par le poète a été formulée par le héros, et cela dans l'ordre des sensations perçues et des impressions créées en lui, que son imagination a converti en pensées claires ou confuses ou heurtées, qui allaient se résoudre elles-mêmes en actions. L'effet dynamique immédiat et futur que l'apparition (= sa vérité intérieure) va produire sur Guigemar et sur les autres (il en conte toute la vérité à la Dame, et plus tard au mari, v. 313-327 et 605-609), ne sera compris dans toute sa logique et toute sa complexité que si la vision est étudiée "textuellement," dans l'ordre des vers descriptifs, et en s'attachant à toute la valeur figurative que les mots peuvent contenir. Il faut aussi se rappeler que le terrain psychique de Guigemar a été préparé, qu'il se trouve dans un état au plus haut degré réceptif.

La vision est décrite en trois vers dont la facture rythmique ralentit la marche d'élocution:

---

d. Moshé Lazar, *Amour courtois et 'Fin'amors' dans la littérature du XIIe siècle* (Paris: Klincksieck, 1964).
Frappier, Bromwich, Damon et Lazar insistent sur le côté "quête d'amour" du symbole;
e. R. Bezzola, p. 258, notant la "joie" que procure la chasse à la beauté, allie le mysticisme à la chasse amoureuse. On peut comprendre que la chasse, avec ses alternatives de délices et de craintes qu'elle fait naître, puisse facilement se substituer à l'amour: amour divin chez St Hubert, amour humain chez Guigemar.
N.B. Le titre d'alliage des sens est subjectif à chaque critique, inévitablement, selon son interprétation.

> Vit une bise od un foün;
> Tute fut blaunche cele beste,
> Perches de cerf out en la teste. (v. 90-2)

"Vit une bise od un foün..." (v. 90):

L'ardent chasseur qui se livre au plaisir de chasser au temps prohibé de repos, veut courre le "grant cerf" et cependant il traîne à l'arrière. Quelle idée le trouble? Qu'est-il donc venu chasser dans la forêt? Soudain le groupe inattendu d'une biche et de son petit arrête sa vue et son élan. Le touchant tableau familial, interposé entre lui et le plaisir violent et délicieux qu'il voulait goûter, forme écran, défense, est une vivante réprimande.[109] Ce couple mère-fils se projette aussitôt sur le modèle connu, proche, dans sa réalité: celui de sa mère et de lui-même. Pourquoi ce groupe brise-t-il son élan? Le rapport entre la mère de Guigemar est un lien d'extrême affection, naturelle, entre mère et fils (v. 39 et 72 déjà expliqués), mais aussi, sur le plan social, c'est un rapport de Dame à héritier. Le fils, qui est parti chez son seigneur pour être "nourri" et est revenu, n'est plus le petit trop gâté, il porte en lui l'avenir de sa race. Ces deux rapports qui cohabitent produisent un effet mixte de respect et de confiance et, même dans ces circonstances extraordinaires où Guigemar doit se sentir hors de la réalité coutumière et protectrice, doivent le rassurer. A cause du faon, il est probable que la première image qui surgit en lui est bien le groupe formé par sa mère et par lui-même; quand le faon s'estompera, d'autres images seront enfantées. Selon Suzanne K. Langer, les forces qui jouent dans les rêves d'un individu, ne sont pas des puissances du monde extérieur, mais des forces sociales proches de lui; le rapport que nous indiquons a encore pour lui de signaler une proximité de cœur:

> So long as the hero is the self, the metaphorical dragons he slays are his elders, his rivals, or his personal enemies; their projection into the real world as sacred beings can yield only ancestors, cavemonsters, manitos, and capricious demigods.[110]

---

[109] Le faon est bien le petit de la biche, puisqu'une variante donnée par Jean Rychner, (Variantes, *Guigemar*, p. 198), selon la leçon du ms S est: "o son feon." Notre éclaircissement est en fait inutile, puisqu'il est bien connu que les biches ne se lient qu'avec leurs propres faons.

[110] Suzanne K. Langer, *Philosophy in a New Key* (1942; rpt. New York: The New American Library, 1949), p. 145.

Que le groupe biche-faon symbolise un lien de tendresse naturelle entre une mère et un fils est illustré dans des sources accessibles à Marie. Un Bestiaire du XIIe siècle[111] loue les soins attentifs de la mère biche qui cache son faon *in some deep shrubbery or undergrowth* (= en l'espeisse d'un grant buisson, v. 89). Des rapports avec le thème dynastique sont aussi attestés. Dans l'histoire de la naissance d'Ossian (= *óisein*, "faon"), il est rapporté que la mère de ce héros irlandais, changée en biche, donna naissance à un faon, plus tard désenchanté.[112] Rachel Bromwich tire du folklore irlandais une chasse au faon entreprise par Lugaid, surnommé *Láidge* (= "du faon"), chasse qui, selon un druide, allait conférer au chasseur heureux l'héritage du royaume. Cette poursuite était souvent associée au thème frère de la "Vieille Femme Transformée"[113] (cf. *supra*, pp. 59-60).

Une autre signification, non plus tirée de l'expérience immédiate de Guigemar, mais basée sur la valeur prémonitoire de la vision, doit être envisagée. Le groupe représente la promesse du futur: la Femme (qui sera l'Epouse) et l'Enfant de Guigemar dont le royaume a besoin. La couleur blanche de la bête, qui est la négation, l'absence de toute couleur, indique et le manque de l'élément féminin dans la vie de Guigemar, et la venue de celle qui comblera ce vide. La déconvenue du chasseur courant après un cerf, et tombant sur cet ensemble familial, doit s'ajouter à la surprise éprouvée; nous croyons à une intention gentiment ironique du destin — qui aime les surprises — ou du poète.

Les effets contraires produits par la biche et son faon, réprobation et amour, sur le chasseur, se neutralisent. Le vers 90 n'est justement qu'une simple constatation, vide d'émoi, de jugement, de réaction. Le chasseur est seulement cloué sur place. En cela, ce vers forme un fort contraste avec le suivant.

Nous avons déjà noté le fait curieux de la disparition radicale du *faon* après sa mention dans ce vers: il ne participe aucunement à l'action dramatique qui suivra l'apparition, et il est même totalement

---

[111] *The Bestiary, The Book of Beasts,* being a translation from a latin bestiary of the XIIth C. Ed. by T. H. White (New York: Putnam, 1954), *s.v. Stag.*

[112] Urban T. Holmes Jr., "A Welsh motif in Marie's 'Guigemar'," *Studies in Philology*, 39, 1942, pp. 11-14. Il cite *Agallamh na senorach*, in E. Windisch, Irische Text, IV.

[113] Rachel Bromwich, pp. 447 et 449.

absent de la réminiscence des événements passés (v. 315-327) par Guigemar qui dit pourtant à sa Dame:

> La vérité vus cunterai,
> Nïent ne vus en celerai. (v. 313-4).

Deux explications, qui ne sont pas incompatibles, s'offrent. Dans la double valeur symbolique du faon que nous avons proposée, il peut représenter Guigemar enfant près de sa mère (alors sa nouvelle personnalité d'homme, jeune encore, mais que l'expérience fait mûrir, va remplacer et faire évanouir ce souvenir); et la promesse d'un héritier dans un avenir lointain (alors la prépondérance, l'urgence du motif de la Femme-Biche qui va aller s'accentuant, repousse à l'arrière-plan ce qui n'est pas immédiatement valable). Il est permis de penser que son souvenir en reviendra au couple enfin uni, comme la promesse d'une descendance mâle. L'oubli du faon enfin peut être interprété comme un "déplacement," partie du mécanisme symbolique des rêves selon Freud, pour qui le motif principal est souvent considéré comme insignifiant, et les détails donnés comme "sans importance" sont les plus révélateurs. C'est bien le cas du faon, fortuitement mentionné, et qui représente cependant la tout importante résultante du thème d'amour et du thème dynastique qui se joindront de façon si inévitable.[114] L'intériorité de l'épisode qui le place sur un niveau autre que la réalité fictive, nous rappelle le motif littéraire de l'épopée homérique, "la descente aux enfers." Dans l'*Enéide* de Virgile, aussi bien que dans l'*Eneas*, Anchise présente à son fils Enée sa postérité dont le premier sera son fils Silvius (Livre VI de l'*Enéide*). Cet enfant n'est rien moins qu'une promesse de victoire dans le combat difficile que devra soutenir Enée pour la conquête de son nouveau pays. Le faon a ce même rôle, plus subtilement indiqué, selon la manière particulière de Marie; peut-être aussi pour laisser au thème d'amour toute sa prépondérance.

"Tute fu blaunche cele beste..." (v. 91):

L'effet formidable de la blancheur de la biche sur Guigemar est transmis à l'auditoire, au lecteur, par la simple tenue du vers. Dans un jeu poétique savant, Marie tire les plus grands effets d'une langue encore bien fruste. En analysant Marie pour comprendre ses symboles,

---

[114] Roger Mucchielli, *Psychologie* (Paris: Bordas, 1959), p. 83, sur cette interprétation freudienne.

nous avous compris toute la vérité de l'aphorisme de Paul Zumthor: "L'œuvre médiévale est *style*." [115] Par un emploi mi-prosodique, mi-intuitif de son verbe, le poète a mis en lumière l'insolite blancheur immatérielle de la biche. Elle a alors employé l'inversion du sujet, la séparation subjective de l'adjectif et de son adverbe, les arrêts de fin de distique et de fin de vers, et la valeur forte de la position initiale (*Tute*). Enfin elle a brisé le vers pour mieux le soutenir dans sa résonance, et par cette fluctuation, elle a rendu les battements désordonnés d'un cœur fortement agité. [116]

Cele est le démonstratif de l'éloignement. C'est le féminin correspondant à *cil*, à *cel*, et en grande partie aussi à *celui*; il oppose le démonstratif de la proximité *cist*. Cette précision est donnée parce que Lucien Foulet signale un emploi curieux du démonstratif *cele* pour indiquer des personnes ou des choses conformes à un modèle connu; cet usage se rencontre surtout pour l'évocation d'un "tableau pittoresque dont les éléments sont traditionnellement les mêmes et que la vie réelle ou les récits qu'en font les livres ont rendu familier à tous." [117] Nous présumons que Guigemar, contemplant la biche blanche, ne pensait pas voir une biche d'une couleur rare, mais bien une Fée. Cela fait partie de ce phénomène de "foi poétique" dont nous avons parlé. Les fées n'apparaissent pas au commun des mortels, mais aux élus. Guigemar est-il donc tout à fait épouvanté, ou honoré? Il est en tout cas impressionné par "cele beste" au plus haut point; et oublieux des contingences matérielles, il attend.

Il convient à la biche, qui présentera au héros une page encore vierge où les possibilités de son destin sont esquissées mais non ratifiées, d'être de la couleur de l'aube, du candidat, de l'adolescence. Le lien de sympathie physique qui unit l'homme et sa bête dans les contes folkloriques unit en effet le jeune chevalier et sa biche. [118] Pour

---

[115] Paul Zumthor, "Recherches sur les topiques dans la poésie lyrique des XIIe et XIIIe siècles," *Cahiers de civilisation médiévale*, 1959, II, pp. 409-427.

[116] L'inversion du sujet est une construction du Type VI, selon L. Foulet, *Complément-Verbe-Sujet* du modèle: "Usée estoit auques sa vie," *Vair Palefroi*, Huon le Roi, p. 94.
Cf. *Petite Syntaxe de l'ancien français* (1919; rpt. Paris: Champion, 1968), Chap. IV.

[117] L. Foulet, 'Pronom démonstratif,' §246.

[118] J. G. Frazer, Ch. LXVII, 'The external soul in animals: The bond of physical sympathy.'

S. F. Damon au contraire, Guigemar, homme perverse, sensuel et brutal, a une relation de bourreau à victime envers la "white (innocent) doe."[119] Cette attitude extrême témoigne d'abord de peu d'égards envers le jugement nuancé du poète. Ensuite, Guigemar fût-il un homme sensuel et brutal, il n'aurait pas le problème psychique d'introversion dont il souffre. Cette scène est une extériorisation — "ce bienfaisant accès d'aliénation mentale qu'est le sommeil" de Proust — qui débarrassera le jeune homme de ses inhibitions et de ses craintes. Il est jeune, inexpérimenté, et dirions-nous innocent; il est bien entendu à l'âge de la puberté où les motivations sexuelles, pour être réfrénées, n'en sont que plus violentes et perturbatrices. "White has ever been accepted as symbolic of innocence of soul, of purity of thought, of holiness of life,"[120] et une tradition assez répandue fait porter le vêtement blanc par les hommes saints: les prêtres d'Osiris, de Zeus, les Vestales, les Druides, et les Catéchumènes chrétiens s'en vêtirent. Mais cette sainteté est aussi un dépassement — donc une absence — d'humanité. Tous ces saints sont en dehors du monde et de la grisaille qui nous est coutumière. Et justement, la jeunesse dont l'idéalisme est toujours extrême, rêve d'une innocence et d'une pureté qui n'existent pas dans ce monde. Cette quête de l'idéal, ce désir de "faire l'ange" est en effet à la base du problème de Guigemar. En refusant le compromis (= le flirt courtois), en se réservant pour la femme idéale, pour l'Unique, Guigemar durcit son cœur pour mieux se défendre et se fait honnir: la Biche blanche est l'Idée de l'Innocence, de la complète perfection de l'amour en quoi il croit. C'est dans ce sens que l'animal blanc chassé des contes celtiques est bien de "l'Autre-Monde," comme les Anges. Sa blancheur irréelle et par là quelque peu effrayante, frappe l'imagination de celui qui se veut un "ange" de l'amour, et selon les Dames de la cour, ne réussit qu'à faire "la bête."

Herman Melville, en des pages inoubliables, a su parler du symbole du blanc et de son effet de "nameless terror" sur une âme terrorisée, effet que nous croyons proche de celui produit par la blancheur

---

[119] S. F. Damon, p. 979.
Cf. aussi, p. 975: "Marie used symbolic supernaturalism as the fittest setting for a particular type of person (known to modern psychiatrists as 'introverts')."

[120] F. E. Hulme, *The History Principles and Practice of Symbolism in Christian Art* (New York: Macmillan, 1899), p. 16.

de la biche sur Guigemar, et si bien rendu par la facture du vers 91 de notre conte.

> Therefore, in his other moods, symbolize whatever grand or gracious thing he will by whiteness, no man can deny that in its profoundest idealized significance it calls up a peculiar apparition of the soul. [121]

Un singulier appendice de la biche blanche va confirmer au chevalier la mission surnaturelle et prophétique de l'apparition.
"Perches de cerf out en la teste..." (v. 92)

N'est-on pas sensible à l'énormité de l'appendice *per-ches-de-cerf* sur la petitesse de la *test'* qui disparaît dessous, et à l'énormité de l'impression sur Guigemar? Cette simple description laisse éclater tout l'étonnement, toute l'incrédulité de notre jeune héros à la vue du bois des mâles sur la tête d'une femelle. Cependant, cet attribut masculin qui semble hors de place, n'est étranger ni au mythe ni à la réalité.

L'emploi de cette particularité insolite indique un retour à l'exactitude du motif antique, la Biche d'Héraclès. Dans la nature, la femelle du renne et du caribou, tous deux considérés comme des cervidés, porte des bois de cerf. Les animaux de ces deux espèces sont migrateurs et originaires des régions septentrionales d'Asie, d'Europe et d'Amérique, ne descendant que rarement vers les régions habitées. Il est probable que la rareté de l'objet a inspiré le mythe: Artémis n'est-elle pas digne des biches les plus rares?

Par ailleurs, U. T. Holmes Jr., citant Giraldus Cambresis, rapporte un fait curieux, relaté dans l'*Itinerarium Kambriae*. Giraldus, traversant le pays de Galles en 1188 en compagnie de l'Archevêque de Cantorbéry, Baudoin, entendit raconter une histoire de chasse locale selon laquelle une biche fut tuée dans les environs:

> This animal, contrary to the nature of her sex, was found to be bearing horns of twelve branches, and besides this she was fatter than a stag in the haunches and elsewhere. Wherefore, because of the novelty of such a wonder, the head and

---

[121] Herman Melville, *Moby Dick* (New York: The Modern Library, 1926), Chap. XLII, 'The Whiteness of the Whale', pp. 186-195.

the horns of this beast were destined for Henry II, king of England. (Traduction de Giraldus par Holmes). [122]

Puisqu'en 1188 ce fait était déjà entré dans le folklore gallois, Marie aurait fort bien pu en entendre parler pendant ou avant la composition de *Guigemar*. Qu'Henry II ait reçu la tête de cette bête extraordinaire appuie fortement cette supposition. Cependant que cette biche cornue vienne de la mythologie grecque et que Marie l'y ait trouvée là ne fait aucun doute non plus. Le fait local a dû lui sembler une confirmation du mythe, et attester sa "vérité." Nous savons déjà que Marie était intéressée par les légendes folkloriques locales, comme en fait foi la triste histoire des *Deus Amanz* [123] qu'elle a contée. Mais revenons aux valeurs symboliques de notre étrange bête.

La corne, comme le blanc, a une valeur symbolique intrinsèque. Elle symbolise d'abord la puissance. L'hébreu *queren*, le sanscrit *srnga* et le latin *cornu* signifient tous à la fois "corne" et "force." Et elle n'est pas seulement force physique (= les cornes du casque des Gaulois), mais aussi puissance spirituelle: les cornes de Moïse sont des rayons lumineux. Elle est "corne de salut" (*Psaume* 18,4) pour le serviteur du Seigneur. [124] D'autre part, une signification de la corne comme productrice de maturité et d'harmonie, en accord avec le thème sousjacent du conte, est offerte par C. G. Jung; [125] les cornes représentent le *principe actif* et masculin par leur forme et par leur force de pénétration, et un *principe passif* et féminin par leur ouverture en forme de lyre et de réceptacle. Dans les *Métamorphoses* d'Ovide (XV, 580-1), les cornes subitement implantées sur la tête du général Cipus lui présagent la royauté.

C'est une Fée que Guigemar voit — incarnée dans un être gracieux à la double anomalie, et douée du pouvoir surnaturel et effrayant de prophétie — il le sait.

Chez Marie, comme dans la littérature arthurienne de son temps, la conception de Fée est essentiellement celle d'un émissaire de l'Autre Monde, un de ces "êtres féeriques qui entraînent ou dirigent

---

[122] U. T. Holmes, Jr., p. 12-13.
[123] Jean Rychner, Notes, p. 261. Rapporte la découverte d'une légende normande par G. Cohen, source de ce conte.
[124] *Dictionnaire des Symboles*, s.v. *Corne*.
[125] Ibid., citant C. G. Jung, *Psychologie und Alchemie* (Zurich, 1944).

le héros vers l'aventure merveilleuse qui l'attend"; [126] une "messagère du destin," [127] qui apparaît à l'élu pour le faire accéder au suprême bonheur terrestre. [128] Elle est mystérieuse et puissante, et surtout ambivalente.

La fée médiévale a donc le pouvoir de prédire l'avenir et par la toute-puissance de la formulation, de conduire vers le destin exprimé, plutôt qu'elle n'est le destin même. Cependant, il faut à peine forcer le sens pour dire que la Fée de Lanval est son Destin: la forme est le fond. C'est bien des Destinées antiques (les Trois Parques ou les *Tria Fata*) que la Fée descend étymologiquement: *Fata* > Fée, et aussi Fada, Fade, Fadette, Fayette, Fadet et Farfadet. Les *Tria Fata*, héritières des infernales Kères et des Moïres grecques, sont aussi assimilées à la *Triade Artemis,* autre nom de la Triple Déesse de la Lune, Artémis ou Diane, ou la Lune même, dans ses trois phases. [129] D'où la couleur blanche de leur vêtement. Dans une métaphore claire, la marche du destin (Lune) est ainsi identifiée à celle du Temps (Phases). La fonction annonciatrice de la fée de *Guigemar*, ainsi que la forme d'un de ses avatars (biche blanche à cornes) résultent donc plutôt d'un rapport avec la Déesse blanche (la corne = le croissant de lune), que d'une descendance avec les prophétesses légendaires [130] (Sibylles ou Pythies). Le rapport Destin et Messager du Destin a créé une fusion, que l'on trouve couramment en mythologie et qui assimile l'œuvre et l'ouvrier: Amour et Eros; Destin et Diane. Il y a donc rapport et fusion de Diane (= Lune = Destin) et de la Biche, émanation ou hypostase de Diane-Lune-Destin: ce qui explique et la couleur blanche de la Biche, et ses cornes, et sa prophétie. Par une fusion analogue, Jean Frappier considère la bête blanche chassée par le héros ou le chevalier arthurien comme un "leurre envoyé par une fée pour attirer auprès d'elle, dans l'Autre Monde, celui dont elle désire

---

[126] E. Hoepffner, *Les Lais...*, p. 84.
[127] M. Lazar, p. 190.
[128] R. R. Bezzola, p. 95.
[129] Robert Graves: *passim*. Pour d'autres appellations d'Artemis Tauriane: Artemis Tauropole (bull-killer); Dictynna; Orthia; Thoantea; Hecate Selene (The far-shooting Moon); Trivia (Of the Three Ways) pour les Latins.
[130] Philipp Damon, revue de Kintner et Keller, *The Sibyl: Prophetess of Antiquity and Medieval Fay* (Philadelphia: Dorrance and Co., 1967), *Romance Philology*, XXIII, 2, Nov. 1969, pp. 234-6. Pour Ph. Damon, la Fée médiévale ne descend pas de la Sibylle gréco-romaine.

l'Amour": [131] "un leurre" est la fonction concrétisée dans le symbole de la bête-fée.

La Biche est l'attribut le plus cher à Artémis; elle porte des cornes; elle est blanche; elle apparaît la nuit. La Diane chasseresse chasse la biche. Le schéma de base de la poursuite à la biche dans les légendes grecques a été étudié par Carl Pschmadt: la Biche de Lumière est poursuivie par Apollon, par Héraclès, par un chasseur ou par Artémis elle-même, comme la Lune est poursuivie par le Soleil. Mais sans succès d'ailleurs: chasse éternelle toujours recommencée; la Biche traverse l'eau (marais, fleuve ou mer) et échappe à son poursuivant. C'est donc la dérivation du mythe sidéral primitif. [132] Le mythe, basé sur la réalité cosmique, descend dans les âges et la réalité en atteste encore sa véracité.

La Biche poursuivie par Héraclès et attrapée dans le jardin des Hespérides sacré à Apollon (pays du rêve, du bonheur et de la sagesse, toujours quelque part au-delà de l'eau) est une version dérivée du thème fondamental: le succès du héros s'accordait donc avec sa légende de "héros invincible." De toute évidence, la bête arthurienne chassée descend de celle-ci et forme ce nouveau schéma légendaire:

> Der Held, (ein Kaiser oder Heerfürst), wird auf der Jagd durch eine wunderbare (weisse) Hinde von seinem gefolge verlockt weit hinein in den tiefen Wald (und über ein breites Wasser) ins Feenland, wo ihn die Fee aufnimmt und ihm ihre Liebe gewährt. [133]

Il est probable que les écrivains contemporains à Marie n'avaient pas compris le sens originel du motif des cornes de la biche, et l'avaient remplacé par un cerf (comme les Anciens tardifs l'avaient fait). Les significations mystiques des cornes de cerf, qui allait jusqu'à représenter le Christ, avaient peut-être influencé certains. Une autre bête particulièrement féroce (ours ou sanglier), dont la capture montait en broche la hardiesse du chasseur, la remplaçait parfois. Que l'animal ait gardé sa couleur lunaire, étrange, irréelle et féerique, ne nécessite aucune explication. Mais seule Marie a donné à la biche de Guigemar tous les attributs de la Biche d'Artémis.

---

[131] Jean Frappier, pp. 90-91.
[132] Carl Pschmadt, p. 17.
[133] Ibid., p. 32.

Marie nous fait comprendre que la Nature veut que l'homme accomplisse son destin par l'amour: le thème de l'union hermaphrodite qu'est l'amour, qui existait déjà dans le mythe primitif de la nature (La Triple Déesse était déesse de la Fécondité: les trois phases = les trois saisons productrices), est parfaitement exploité avec la Biche à cornes:

> nam mixta duorum
> Corpora iunguntur, faciesque inducitur illis
> Una ... [134]

La Diane d'Éphèse était parfois représentée dans les temps ioniques comme une matriarche accompagnée d'un enfant. Peut-on y voir quelque rapport avec le groupe biche-faon?

Un chaînon corroborateur, à mi-chemin entre les croyances grecques et les contes celtiques, certifie le pouvoir prophétique accordé au cervidé. Pline l'Ancien, dans son *Histoire Naturelle,* donne au cerf blanc le don divinatoire:

> (Cervi) sunt aliquando et candido colore, qualem fuisse tradunt Q. Sertorii cervam quam esse fatidicam Hispaniae gentibus persuaserat. [135]

Nous considérons le fait que Marie a connu la Biche d'Artémis chassée par Héraclès selon les mythes grecs comme certain; et elle a fait tenir admirablement sa symbolique dans son propos de poète. Ajoutée à l'interprétation du motif tel qu'employé par les contemporains de Marie, cette signification intensifiait le motif et faisait figure de preuve; elle authentifiait le sens mystérieux de la chasse à la bête blanche des récits arthuriens — elle le rendait "verrai."

La Biche de *Guigemar* est donc pour le héros une représentation de l'immédiat dans lequel le passé a forcé sa signification, et du futur; elle lui rappelle sa qualité princière et son devoir dynastique; elle évoque sa condition d'homme dont l'obligation est d'aimer et de procréer; pour ce faire, elle remonte dans la nuit des temps où la simple formule de la force de la nature était la course éternelle du Soleil après la Lune: cycle symbolique de la vie et de l'amour.

---

[134] Ovide, *Les Métamorphoses,* IV, 373-4.
[135] Pline l'Ancien, *Histoire Naturelle,* VIII, 117 ss.

7. La blessure (v. 93-144)

L'énormité du choc psychique que produit la Vision annihile en Guigemar pour un temps toute volition. C'est alors que l'aboi du "brachet" retentit et va déclencher presque simultanément le saut de la biche sur pied et l'envol de la flèche.

Le rôle du chien est donc très dramatique: il faut remarquer qu'il est le seul, avec Guigemar, à être conscient de l'étrange occurrence, le seul au moins à pénétrer avec lui dans le domaine de la Fée.[136] Quel est le pedigree littéraire de ce chien? Chez les Celtes, il est associé aux guerriers et l'objet de comparaisons flatteuses; cause ou effet du nom du fameux Cuchulainn < Cu Chulainn = le chien de Culain. Le héros enfant avait tué le chien de Culain, et il promit d'en assumer les fonctions jusqu'à ce qu'un autre chien soit assez grand et fort pour le remplacer. Il n'y a pas chez les Celtes, semble-t-il, de chien infernal analogue à Cerbère.[137]

Dans notre conte, le petit chien représente la partie instinctuelle — instinctive et animale — préoccupée de sa conservation, donc sur la défensive, de Guigemar; ceci s'accorde avec la large signification de l'animal en général, et celle du chien qui, en aboyant, appelle et attire l'attention. Cet emploi convient parfaitement à l'état de rêve du héros, dont une partie des facultés sont endormies. De plus, à cause de son amour et de sa fidélité envers son maître — que tous les folklores font ressortir — il lui est attaché d'un lien subtil et spirituel. Nous expliquons donc ainsi le rôle du brachet dans ce conte: par l'apport de son animalité, il rétablit l'équilibre dans la personnalité du héros ébranlé par une expérience psychique terrifiante et annihilante. Le chien d'ailleurs agit très naturellement en chien: c'est encore un exemple de la métaphore étant une "chose de nature" selon l'excellent mot d'Alain.

Il semble que le petit braque du roi Herla des légendes celtiques, qui lui fut donné en cadeau par le roi des Pygmées après une visite à son palais souterrain (= descente aux enfers, lieu féerique, pays des songes), représente aussi l'attache de l'homme à la matière corporelle,

---

[136] Carl Pschmadt, Ch. 'Der Eber und der Bracke' sur le rôle du *brachet* dans les contes nordiques et celtiques, p. 68 ss.
Cf. aussi R. Bromwich, pp. 454-5, sur le rôle bénéfique de cet animal dans la *Deuxième Continuation du 'Conte del Graal.'*

[137] *Dictionnaire des Symboles*, s.v. *Chien*.

c'est-à-dire à la vie. La *Geis* d'Herla lui commande de ne pas sauter à terre avant le braque, sous peine de mort, et le chien ne sautera jamais. Depuis, le roi Herla erre dans une chevauchée maudite comme une âme en peine.[138]

L'avertissement protecteur du chien complete une superstition écossaise signalée par J. G. Frazer sur une précaution à prendre au pays des Fées pour s'assurer le retour chez les hommes:

> The metal in any form, whether a sword, a knife, a gun-barrel, or what-not, is all-powerful for this purpose. Whenever you enter a fairy dwelling you should always remember to stick a piece of steel, such as a knife, a needle, or a fish-hook, in the door; for then the elves will not be able to shut the door till you come out again.[139]

Guigemar, conscient d'être au pays des Fées, se prémunit-il en tirant une flèche à pointe de fer? C'est le genre de supposition qui demande de la prudence. Beaucoup de superstitions ont laissé des traces dans le folklore dont le conteur ignore le sens. Dans Lanval, où le chevalier revient encore plus sûrement du pays des Fées que Guigemar, rien de tel ne se produit. A quoi l'on peut répondre que Lanval ne revient pas pour longtemps dans le pays des hommes. Ce détail de la magie populaire se rapproche du fait que, dans les mythes, la sortie des enfers n'est permise qu'aux héros élevés à la déité.

La blessure soufferte par la biche appelle quelques remarques critiques. Certains commentateurs (Bayrav, Payen),[140] croient que la biche tombe blessée mortellement. Rien n'est moins certain: la bête est "nafrée," "férue," elle se plaint d'être "occise," mais elle parle et assez longuement. La "pès" qu'elle réclame (v. 122) n'est pas forcément celle du tombeau, plutôt celle du "grant buisson," celle du pays des Fées où disparaîtra un autre élu, Lanval, loin des heurts de notre monde. La biche n'est pas morte; elle a été blessée au sabot où Guigemar a précisément visé. Comment un jeune chevalier émérite, possédant en tant que fils de seigneur des forêts privées giboyeuses où il pratique depuis longtemps, n'en doutons pas, un sport qui "forment

---

[138] Régine Pernoud, *Aliénor d'Aquitaine* (Paris: Albin Michel, 1965), pp. 196-7.
[139] J. G. Frazer, Ch. xxi, 'Tabooed things,' pp. 262-3.
[140] S. Bayrav, p. 65; J. C. Payen, p. 325.

li plest" (v. 80), pourrait-il si mal viser qu'il toucherait le sabot en voulant tuer la bête? L'émoi des courageux ne fait pas trembler la main. Guigemar n'a pas voulu détruire, mais arrêter sa vision: sa défensive est éveillée et sa curiosité aussi. La blessure au sabot nous fait revenir à la Biche aux pieds d'airain qu'Héraclès a voulu attraper sans l'abattre, et qu'il a cloué sur place par une flèche entre nerf et tendon. Et un mortel peut-il tuer une Fée? Nous reconnaissons pourtant l'ambiguité de la situation; disons résolument que ce qui meurt par la blessure infligée à la Biche-mère c'est le passé de Guigemar, sa dépendance envers "sa bone mere e sa sorur"; mais la Biche-femme va naître et vivre. Le mot "esclot" signifiant "sabot" ne pose donc pas le problème signalé par Jean Rychner.[141] Ce critique est enclin à voir dans le mot "esclot" le "front d'un animal, dur comme de la corne ou comme un sabot," sens attesté dans *Partonopeus de Blois* et dans *Fouke Fitz Warin,* parce que "le sabot était décidément un peu bas!" pour le ricochet. Les lois physiques sont transcendées au pays des Fées. Il faut aussi noter que la biche était en mouvement; il ne serait de toute façon pas étonnant que Guigemar l'ait atteinte au sabot. Il fallait d'ailleurs que la "biche" parle.

La compassion du conteur est ici dirigée vers la bête blessée, tandis que le brutal orgueilleux qui culbute en arrière est un tant soit peu ridicule. Le *si trait a li!* exprime toute l'horreur de l'action accomplie (à laquelle se mêle une certaine admiration), comme si après avoir tendu son arc, le jeune homme aurait dû s'aviser de la gravité de l'acte et s'abstenir. L'équilibre de tout ce morceau est remarquable: déjà les forces psychiques et les forces instinctives se balancent; ensuite, le mal accompli apporte son immédiate punition: la bête tombe mais le chasseur culbute selon le rythme de la flèche qui fait boomerang et selon l'ordre supérieur de la justice. Rythme cyclique de double fluctuation propre à la nature génératrice. Le motif d'une flèche qui revient à son point de départ a un rôle dramatique dans une légende mystique, celle de saint Michel du mont Galgano, très célèbre au temps de Marie. Le seigneur Galgano chasse le sanglier et une flèche lancée par un valet revient sur ce dernir et le tue. Cet accident épouvante Galgano qui fait aussitôt bâtir une église sur le mont à la gloire du saint. Avec des différences circonstancielles — c'est le serviteur qui

---

[141] J. Rychner, Note sur v. 95 de *Guigemar,* p. 241.

tire la flèche et est tué; et il s'agit d'un sanglier — la fonction des deux flèches est la même: elle pénètre la conscience des héros par la porte douloureuse qu'elle a ouverte. De plus, pour Guigemar, elle a la fonction libératrice d'une crevaison d'abcès, ce mal intérieur qui s'était formé en lui et que l'amour guérira; tandis que la Grâce, touchant Galgano, le livrera à l'amour divin. Pour les deux, elle a un effet purificateur.

La blessure de Guigemar qui rachète celle qu'il infligea à la Fée n'est pas occasionnée par la flèche d'Eros; elle est pourtant l'annonciatrice de la blessure d'amour et de l'ébranlement de tout l'être qu'elle déclenchera. Guigemar, "fermé" à l'amour, est maintenant "ouvert" par la blessure.

L'effet dramatique du coup est qu'il éveille en Guigemar l'instinct de conservation: il craint pour sa vie et il part.

La blessure à la cuisse du jeune héritier du Léon trouve son modèle dans le *Coup douloureux* des légendes celtiques, dont la lignée a été étudiée avec le plus grand soin par Jessie L. Weston.[142] Ce *coup douloureux* est un motif fondamental des légendes du Graal, et il a une étroite appartenance au thème dynastique:

> Ce coup... frappe soit le Roi... soit le Père du Roi, soit le frère ou l'oncle du Roi. Le coup peut tuer sa victime ou l'estropier, particulièrement en l'atteignant dans ses parties viriles.[143]

Jessie L. Weston remonte aux traditions les plus reculées à la recherche des sources de la légende du Graal et de ses motifs. Elle écarte l'origine chrétienne du motif (nulle trace d'un Joseph d'Arimathie ou du Graal dans les écritures saintes), et aussi la lignée folklorique (les éléments du prototype de la quête du Graal: la Terre Gaste, le Roi-Pêcheur blessé, le Château merveilleux, le Graal lui-même, la Lance et la Coupe — ne figurent dans aucune collection de contes irlandais sélectionnés par Cosquin, Hartland ou Campbell). Elle admet cependant des contaminations ultérieures. Personnellement, nous ne croyons pas plus à la génération spontanée des mythes que des hommes, mais à une source unique et fécondante, basée sur une réalité

---

[142] Jessie L. Weston, op. cit.
[143] Jean Marx, p. 167. Survivance moderne: la "blessure" de Didi dans *En attendant Godot* de Beckett.

psychologique que nous pouvons appeler universelle, et à une évolution dans le temps et l'espace. Mais une telle discussion serait hors de propos ici; nous reconnaissons que les éléments particuliers à la légende du Graal peuvent être étudiés avec profit comme formant un tout discret, par opposition à continu. Comme J. G. Frazer, dont les principes de magie imitative et homéopathique sont exposés dans le *Golden Bough*, J. L. Weston remonte directement aux rites primitifs de la fertilité.

Voici le tableau succint des sources de la légende du Graal, tracé depuis les plus anciennes, légende dont une des caractéristiques est la dramatique blessure à la cuisse du Roi (= chef = héros):

1. Tradition aryenne de la "Délivrance des Eaux," *Rig-Veda*.

2. *Rites de la nature* chez les Sumériens-Babyloniens; Culte du roi Tammuz dont dépend la fertilité de la flore et de la faune.

3. *Mythe d'Adonis,* phonécien-grec, équivalant à celui de Tammuz. La vieille théorie magique des saisons est supplantée par la théorie religieuse; lié au thème de l'amour selon toute évidence. Le culte remonte au moins au VIIe siècle avant J. C. Noter l'analogie de la blessure d'Adonis à la cuisse et celle d'Héraclès par contamination des cultes, ou fusion des mythographes. Héraclès = "la gloire d'Héra," déesse de la vie végétative, justifie la confusion.

4. *Mythe et rituel d'Attis* de l'Asie occidentale. Dieu de la végétation dont la mort et la résurrection étaient tour à tour déplorées et célébrées.

5. *Mythe d'Osiris* en Egypte, allié aux rites de Dionysus.

6. *Légendes du Graal*:

Thème dans les *Mabinogion*: Branwen, fille de Llyr; Pwyll, prince de Dyvet; Manawyddan, fils de Llyr. Dans d'autres récits: le Roi-Pêcheur (*Méhaigné* = "multilé, blessé") de *Perlesvaus*, et du *Perceval* de Chrétien de Troyes. La tâche du quêteur consiste à délivrer le roi et sa terre, mais aucune relation claire entre sa maladie et la désolation de la lande n'est indiquée; elle est cependant devinée.

Le thème central de ces cultes et de ces récits s'est transmué en thème dynastique dans le conte de *Guigemar* où le héros, toute proportion gardée, fait en effet figure of a divine or semi-divine ruler, at once god and king, upon whose life, and unimpaired vitality, the existence of his land and people depends. [144]

Les motifs suivants sont transposés, sur le mode mineur sans doute, mais sans perdre leur gravité, depuis ces rites et ces légendes dans le conte de *Guigemar*:

a. Importance dans le domaine publique de la vitalité, et de la descendance du héros;

b. Blessure à la cuisse affecte l'héritier de la terre;

c. Existence d'un château merveilleux dans la vicinité de l'eau;

d. Le Graal, nourriture physique et mystique, devient le "mangier... dunt li chevalier est peüz e abrevez" (v. 375-8) qui restaurera sa santé;

e. La Lance: symbolisme clair, par laquelle le héros conquerra sa Dame.

f. La Coupe: les "bacins d'or" (v. 369), dont la discussion sera reprise à leur apparition, en tenant compte des remarques de J. Wathelet-Willem. Ces deux derniers (*e.* et *f.*) forment un ensemble "hermaphrodite" au sens si évident qu'il n'est pas nécessaire de l'élucider.

La parenté de la blessure de Guigemar avec le *coup douloureux* indique la gravité des responsabilités dynastiques du jeune seigneur, fils de roi, donc héritier légitime. Elles attestent les préoccupations au fond de la conscience du héros.

La blessure force Guigemar à s'arrêter et à entendre la prophétie de la Fée. Ella a aussi la fonction d'imprimer dans le corps du chasseur, de manière tangible et douloureuse, cette prédiction: car il ne faut pas que la vision une fois évanouie sa parole soit oubliée. Elle aura perdu sa nécessité quand la rencontre de la Dame aura occasionné une autre blessure, première réalisation du destin promis. Justement, c'est à ce moment précis qu'elle sera guérie et oubliée (v. 383).

---

[144] J. L. Weston, p. 62. Nous voyons une autre trace des "eaux fertilisantes" dans le "beivre" des *Deus Amanz* de Marie; répandu sur la colline, "mut en ad esté amendez / Tut le païs e la cuntrée" (v. 212-217).

En se rappelant que la blessure a aussi le caractère d'une punition, on peut trouver l'esprit de pénitence et de résipiscence du héros formulé dans le Psaume 38 de David, un des sept Psaumes pénitentiels universellement connus et chantés au moyen âge. Puisque pénitence il y a, rappelons-nous que dans la tradition chrétienne, le "péché originel" n'est pas commis par le Chrétien mais par le premier homme: ici la faute en remonte à Nature. Plusieurs vers de ce beau chant trouvent un écho délicat dans notre passage; le voici:

> Yahvé, ne me châtie pas *dans ton courroux,*
> ne me reprends pas dans ta fureur.
>
> En moi *tes flèches* ont pénétré,
> sur moi ta main s'est abattue;
> rien d'intact en ma chair sous ta colère,
> *rien de sain dans mes os* après ma faute.
>
> Mes offenses me dépassent la tête,
> comme un poids trop pesant pour moi;
> *mes plaies sont puanteur et pourriture*
> à cause de *ma folie;*
> ravagé, prostré, à bout,
> tout le jour, en deuil, je m'agite.
>
> *Mes reins sont pleins de fièvre,*
> plus rien d'intact en ma chair;
> brisé, écrasé, à bout,
> je rugis, tant gronde mon cœur.
>
> Seigneur, tout mon désir est devant toi,
> pour toi mon soupir n'est point caché;
> le cœur me bat, *ma force m'abandonne,*
> et la lumière même de mes yeux.
>
> *Amis et compagnons s'écartent de ma plaie,*
> mes plus proches se tiennent à distance;
> *ils machinent, ceux qui traquent mon âme,*
> ceux qui cherchent mon malheur déblatèrent,
> tout le jour ils ruminent des trahisons.
>
> Et moi, comme un sourd, je n'entends pas,
> comme un muet qui n'ouvre pas la bouche,
> comme un homme qui n'a rien entendu
> et n'a pas de réplique à la bouche.

C'est toi, Yahvé, que j'espére,
c'est toi qui répondras, Seigneur mon Dieu.
J'ai dit: "Qu'ils ne se gaussent de moi,
qu'ils ne gagnent sur moi *quand mon pied bronche!*"

Or, je suis voué *à la chute,*
mon tourment est devant moi sans relâche.
Mon offense, oui, je la confesse,
je suis anxieux de ma faute.

Ceux qui m'en veulent à plaisir foisonnent,
ils sont légion à me haïr *sans cause,*
à me rendre le mal pour le bien,
à m'accuser quand je cherche le bien.

Ne m'abandonne pas, Yahvé,
mon Dieu ne sois pas loin de moi;
vite, viens à mon aide,
Seigneur de mon salut! [145]

Nous avons souligné ce qui offre d'étranges ressemblances avec la leçon de notre texte. Ce psaume fait allusion à une blessure par une flèche, infligée par une puissance supérieure; à des plaies puantes et des reins fiévreux; à la froideur de ses amis et compagnons (se rappeler "si ami") et aux machinations de ses ennemis ("li estrange"); à une chute. De plus, il dénonce les reproches des amis comme étant "sans cause." Dans ce contexte, le rejet de la thèse de l'homosexualité nous paraît supporté.

La légende mythologique fournit quelques détails sur la blessure à la cuisse d'Héraclès: le héros grec cherchait à se "purifier"; le refus des fils d'Hippocoön de l'aider amena une bataille et la blessure. Esculape guérit Héraclès. Nous n'ignorons pas qu'un autre héros, Ulysse, offre des points de ressemblance avec Guigemar: sa force, son ingéniosité et sa persévérance; son séjour chez Calypso où, si l'on excepte ses remords tardifs, il file le parfait amour; enfin la blessure à la cuisse dont il tire son nom même (*oulos* + *ischea*: blessé à la cuisse) et grâce à quoi sa nourrice le reconnaîtra. La blessure afflige d'autres héros encore mais la biche blanche nous garde chez Héraclès.

---

[145] *La Sainte Bible,* traduite en français sous la direction de l'Ecole Biblique de Jérusalem, 'Les Psaumes,' traduits par R. Tournay et R. Schwab, 3e éd. (1955, Paris: Les Editions du Cerf, 1964). Psaume 38 (37); pp. 202-204.

8. *La prédiction* (v. 108-122)

L'explication textuelle de ce passage étant particulièrement utile à notre propos, nous le citons:

> Tel seit la tue destinee: 108
> Jamais n'aies tu medecine,
> Ne par herbe, ne par racine!
> Ne par mire, ne par poisun
> N'avras tu jamés garisun 112
> De la plaie k'as en la quisse,
> De si ke cele te guarisse
> Ki suffera pur tue amur
> Issi grant peine e tel dolur 116
> K'unkes femme taunt ne suffri,
> E tu referas taunt pur li;
> Dunt tuit cil s'esmerveillerunt
> Ki aiment e amé avrunt 120
> U ki pois amerunt aprés.
> Va t'en de ci, lais m'aveir pés!

C'est donc un héros suffisamment confondu (l'apparition), arrêté (la flèche) et ému (les plaintes de la biche envahissent les profondeurs et se mélangent aux siennes), qui va entendre la prédiction.

La modulation de ce morceau est savamment maniée: le ton irrité et menaçant de la biche au début, s'accuse par un martellement de négations qui se succèdent, deux par vers, quatre fois, et aussi par une anaphore double au cœur de ces distiques de la colère (v. 109-112). Puis la rigidité du ton se brise: la Biche-Femme et Mère semble compatir à la souffrance morale et physique qu'elle-même évoque (*plaie — suffera — amur — grant peine — dolur*) peut-être parce que l'amour est au cœur de la peine. La coupure du vers varie alors. L'équilibre subsiste: entre la souffrance d'une part et entre la joie implicite d'autre part, toutes deux enfantées par l'amour de l'homme et de la femme l'un pour l'autre (v. 117-8). La prophétesse oublie sa souffrance pour annoncer le renom de la belle histoire d'amour, exemple et peut-être leçon consolatrice à tous les amants (v. 119-121). La dernière parole, où la douceur du ton et la lassitude ont enfin remplacé tout à fait la rancœur et l'animosité, donne congé et avise de l'action à prendre: "Va t'en de ci"... Le beau mot qui finit la phrase: "Lais m'aveir pès! (v. 122) n'indique pas la malédiction.

Le ton a donc fluctué de la colère, à la pitié, à l'admiration, comme il faut croire que la personnalité de la Biche muait de la Bête blessée à la Mère-Femme aimante, qui oublie même les blessures reçues, et enfin devient l'âme même de la Poésie en ce qu'elle annonce la survie du poème d'amour. Le derniers vers de ce passage si bien ordonné tombe dramatiquement sur la biche qui reste, et libère Guigemar.

Guigemar est bouleversé de ce qu'il entend: v. 124. Parce que l'aventure en forêt n'est pas extérieure à lui-même, mais répond à une intuition intérieure qu'elle concrétise, il ne pose aucune question, il ne met nullement en doute la prédiction. Il la sait vraie. Cependant, avant d'agir, et cela pour satisfaire sa raison, il fait une "preuve par neuf" mentale qui va corroborer sa compréhension des événements et la décision qu'il a déjà prise: il doit partir (v. 125-6) puisqu'il veut guérir (v. 127-8) < et sa guérison ne peut lui venir que d'une femme aimée < il n'aime aucune des femmes qu'il a jamais rencontrées (v. 130-1). Les trois propositions du syllogisme sont vraiment irréductibles! Par une ruse il renvoie son valet; il ne veut pas revoir ses amis qui le retiendraient ou le dérangeraient dans sa résolution.[146] Qu'importe qu'il ait menti au valet ou ait changé d'idée aussitôt après son ordre d'appeler ses amis: il sait que son salut (au sens latin courant au XIIe siècle de "conservation de la vie, salut éternel") est en cause.[147] Guigemar est un jeune homme sensible (sa crise morale vient de là; son amour pour la Dame le prouvera à nouveau), et il est aussi fort bien équilibré: il n'est ni impulsif ni velléitaire. D'autre part, et c'est cela qui est important et qui ressort du texte chargé de symbolisme, en ce moment solennel où sa destinée se joue et le pousse, il ne prend conseil que de sa voix intérieure. Depuis le temps où les dires de "li estrange e si ami" le démoralisaient, Guigemar a fait un grand pas, et va en faire d'autres.

Dans un dernier gémissement, "mult anguissusement se pleint" (v. 138), notre héros exhale sa fatigue morale, sa peine physique après la douloureuse et bénéfique opération, et peut-être aussi sa tristesse d'avoir à quitter sa terre maternelle. Puis il se remet en selle et il part.

---

[146] Nous nous étonnons que Jeanne Lods ("Sur quelques vers de 'Guigemar', v. 145-150," *Romania*, T. 77, 1956, pp. 494-96) ait vu quelque part un congé cérémonieux de Guigemar à ses amis. Il y avait intention (vraie ou fausse) d'adieu, non réalisée.

[147] *Dictionnaire étymologique*, s.v. *Salut*.

La prédiction de la biche participe-t-elle de la notion de la *Geis* irlandaise (= tabou classique des ethnographes; "interdiction" des folkloristes)? Selon la description de Jean Marx, [148] la *Geis* se caractérise par "des interdictions auxquelles l'individu est astreint en raison de sa naissance, de la lignée ou du clan auquel il appartient." L'interdit est le côté négatif de la *Geis,* qui peut ne durer que le temps d'une mission difficile et dangereuse. Elle a aussi un côté positif, elle pousse à l'action, au départ: "Elle enjoint à celui qui la subit non seulement de ne pas faire, mais de faire. Elle impose des épreuves, des tribulations, des expéditions souvent contre le gré de celui qui la subit." La cause "noblesse oblige" de l'obligation s'applique à Guigemar. La blessure est un moyen d'appuyer l'aspect contraignant en plaçant le héros dans l'impossibilité de se soustraire à la *Geis*; enfin le départ du héros accuse le côté positif de ce motif folklorique irlandais. Cependant, c'est avec subtilité que le poète a rationalisé l'emploi de ce motif; elle l'a rendu logique par le moyen de la délibération du héros (v. 125-132) et par sa soumission à l'ordre de la destinée après l'exercice d'une volonté consciente.

La Biche royale, par son apparition, ses actes et ses paroles, a éclairé Guigemar en une fulgurante révélation sur son destin de prince et d'homme. L'enfant en lui doit disparaître comme le faon, et c'est chose douloureuse, mais la récompense sera plus belle d'avoir été chèrement payée. Le déchirement qu'est la blessure de la séparation de sa jeunesse et du château de ses pères sera guéri par la main de la femme aimée. Le chemin de la vie sera ardu et épineux, mais on parlera longtemps de son amour et de sa vertu héroïque; s'il a confiance, il faut qu'il parte. Tout cela est intérieur: la Biche est une image; c'est l'intuition droite et juste du héros qui lui révèle la vérité future modelée sur la vérité qui est en lui; c'est en lui que réside confiance et courage. Son acceptation est la première épreuve, du succès de laquelle va dépendre tout le reste.

9. *Le "vert chemin"* (v. 145-150)

Selon le mythe, la Fée ayant eu son épiphanie en forêt, doit conduire le héros vers l'eau, rivière ou mer, c'est-à-dire vers le départ. C'est ainsi que la fée celtique, et son ancêtre, la Biche d'Artémis, en

---

[148] Jean Marx, pp. 77-8 et *passim.*

avait agi avec ses poursuivants, Apollo ou Héraclès. Dans toutes les versions mythographiques de ces héros, le sanctuaire boisé de la biche est sis sur une montagne ou dans son voisinage: mont Parrhasien, Artémisien ou Taygète, sur le flanc de quoi court une rivière pierreuse: Anaurus, Ladon ou Himerus respectivement, vers la mer.[149] La proximité de l'eau (rivière, fontaine, mer) est un élément essentiel du motif de l'apparition de la Fée celtique ou de son émissaire:[150] biche dans *Guigemar,* pucelles dans *Lanval.* Les caractéristiques du paysage traversé par Guigemar (v. 145-150) sont celles du paysage mythique:

> Le travers del bois est alé
> Un vert chemin, ki l'ad mené
> Fors a la laundë; en la plaigne
> Vit la faleise e la muntaigne.
> D'une ewe ki desuz cureit
> Braz fu de mer, hafne i aveit.[151]

La difficulté de compréhension littérale de ce morceau a son point de départ — ou son résultat — dans l'interprétation des deux derniers vers; la difficulté de compréhension symbolique dans l'interprétation de l'état d'âme de Guigemar. Sans espérer donner la solution définitive, nous voulons essayer de découvrir la valeur symbolique de ce passage, qui pour nous est d'une importance capitale pour la compréhension totale du conte, et qui mérite bien l'effort exégétique qu'il a engendré.[152]

Remarquons d'abord que la rivière, qui court aval sur la montagne s'élargit en bras de mer qui sert de hâvre, dans une gradation semblable à celle de "bois" (= où pousse une végétation intense: "espeise d'un grant buisson," v. 89) à "lande" (où ne pousse que l'ajonc et la bruyère), à "plaine," que l'on peut imaginer pierreuse et dénudée, comme on s'y attend à proximité d'une montagne. De tels paysages

---

[149] R. Graves, pp. 110-111, art. 125.
[150] J. Wathelet-Willem, p. 683: "l'eau courante est là (dans *Lanval*) qui marque la séparation des Mondes."
[151] J. Rychner, Notes pp. 242-3: il fournit trois var. au vers 147: *fors a la l.* H; *hors en la l.* S *et fors de la l.* P. Cf. revue de Jean Frappier.
[152] J. Lods, op. cit., a vu une transformation subjective du paysage par Guigemar. Mais rien ne dit que le chasseur ait quitté la forêt par où il y est entré: v. 630-2: *pres* et pas *en.*

sont fréquents en Bretagne et en pays de Galles [153] par exemple, et la juxtaposition du réel au merveilleux donne à celui-ci sa vérésimilitude. Nous pensons que Marie a peint un paysage mythologique qui seyait à son propos après en avoir remarqué les mêmes caractéristiques dans un site qui lui était familier. Marie emploie-t-elle gratuitement ce motif, en paysage et non en symbole? Nous ne le croyons pas, car alors tous les détails donnés en six vers seraient oiseux. Pour bien comprendre le sens de cette nature morte, il faut penser que ce n'est pas en tant que "description" que ce morceau doit parler, mais en tant que terrain, avec sa diversité et ses accidents, et en tant que liaison entre une aventure dans la forêt profonde et une autre. Dans cette peinture statique, le héros qui la traverse est la trajectoire dynamique qu'il faut suivre. Nous l'avons vu, jeune orgueilleux ramené à une évaluation plus exacte de sa petitesse: sa vie ne dépend-elle pas d'une blessure accidentelle? Nous l'avons vu aussi agissant avec décision à la pensée de son beau destin et de son immortalité: son amour ne sera-t-il pas chanté à jamais?

Quel est le rapport de cet homme si petit et si grand par rapport à la nature qui l'entoure, *bois, chemin, laundë, plaigne, faleise, montaigne, ewe, braz de mer, hafne,* tous accidents de terrain qui se suivent en une progression dont la logique est à découvrir, et qui sont impressionnants par leur nombre et leur variété? Ce paysage accidenté préfigure la vie vers laquelle il se dirige, avec ses épreuves et ses joies, et sa marche au travers par le "vert chemin" est indicative de sa manière d'aller, droite, logique et énergique.

Bois, lande et plaine, se traversent aisément, autant qu'un homme blessé dans sa chair mais à cheval peut le faire, car le terrain est de moins en moins boisé et broussailleux, donc de plus en plus facile. Alors, le chevalier contemple, non seulement la falaise, difficile mais abordable, mais encore la montagne. Cependant, comme le chemin vert de la sente cavalière l'a guidé à travers le plateau, un autre chemin vert va le guider, navigable, celui de la rivière. Une impulsion obscure le mène et il suit le bon chemin, selon le mot de Gœthe:

---

[153] Cf. l'intéressante étude de U. T. Holmes, Jr., "A Welsh motive in Marie's 'Guigemar'," op. cit. Ce critique offre une solution au mystère de la personnalité de Marie de France, et il étaie sa thèse sur les rapports du poète et du pays de Galles. Cette province ressemble au paysage décrit, mais la Bretagne et d'autres aussi.

Ein guter Mensch in seinem dunklen Drange
Ist sich des rechten Weges wohl bewusst.

Erich Auerbach [154] a élucidé ces deux vers de Chrétien de Troyes: "Et trovai un chemin a destre / Parmi une forest espesse" (*Yvain*, v. 180-181), et il a fort bien découvert la valeur symbolique du "chemin" chez les romanciers courtois, valeur qui existe toujours dans la littérature et dans la réalité. Voici une autre attestation de la même idée, prise chez Marie: "Ore est Lanval en dreite voie" (*Lanval*, v. 134). Ce vers de *Lanval* est un jugement du poète, extérieur à la narration, comme le "Hui ad trespassé le plus fort" (v. 204) de *Guigemar* où l'admiration pour le courage du jeune homme est marquée; ce courage étant symbolisé par l'épithète *vert*. Que notre héros soit sur le bon, le droit chemin, est évident puisqu'il arrive au hâvre, qu'il voit et qu'il prend la nef. Droiture n'est pas assez pour lui; il lui faut ce qui n'est pas demandé à tous les hommes, une force exceptionnelle qui convient aux chefs. Le gazon toujours vert où la nymphe s'abandonna à Hermaphrodite: *semperque virentibus herbis* [155] a déjà utilisé le symbole de la verdeur.

Ernest Hœpffner a rapproché le passage en question des vers 3145-50 de *l'Eneas* que voici:

> Et Eneas ala garder
> Par les faloises de la mer
> Se vit une molt large plainne
> Qui ert en som une montainne;
> Une fontaine anmi sordait
> dont li ruissiaus an mer coroit,

en faisant le commentaire suivant:

> Autant la description de *l'Eneas* est claire et nécessaire, autant celle de Marie est confuse (ce qui est peut-être la faute de la tradition) et inutile. Pourquoi l'a-t-elle donnée? Ne serait-ce pas, comme dans tout le reste du passage, une imitation du grand roman antique? [156]

---

[154] Erich Auerbach, *Mimesis, Dargestellte Wirklichkeit in der abendländischen Literatur* (Bern: A. Francke Ag. Verlag, 1946), VI. "Der Auszug des höfischen Ritters," 123-140.
[155] Ovide, *Les Métamorphoses*, IV, 301.
[156] Ernest Hoepffner, "Marie de France et l' 'Eneas'," *Studi medievali*, V, 1932, pp. 272-308.

Il s'agit en effet de deux paysages dont certains éléments sont analogues: falaise, mer, plaine, fontaine et ruisseau (=eau). Mais Marie a ajouté la lande, la montagne et le chemin, additions qui sont à notre avis très significatives parce qu'elles font partie d'une progression logique qui était intentionnelle chez la paysagiste. Dramatiquement, le paysage de Marie est nécessaire pour faire la transition entre une expérience psychique poignante du héros où ses facultés sensitives et volontives trop tendues semblèrent abolies pour un temps, et un retour à l'état normal, entre lesquels se place un effort presque surhumain de penser et d'agir. Cette transition, sous peine d'invraisemblance, ne pourrait être trop abrupte. L'accumulation des accidents de terrain joue parfaitement ce rôle de diversion, de soulagement dramatique, en même temps qu'elle permet au héros — et à l'auditeur et au lecteur — de faire ses propres réflexions sur les événements précédents, que le poète résumera plus tard au vers 204: "Hui ad trespassé le plus fort." La logique du paysage s'accuse par une progression dans les deux sens: bois-lande-plaine (du plus au moins boisé), et plaine-falaise-montagne (du plus au moins plat). La première va du difficile à l'aisé, l'autre en sens contraire: intimation, justifiée plus tard, d'une vie que fera évoluer la roue de la Fortune, mais aussi d'ascèse.

La description de *l'Eneas* est en bonne place dans le roman, au moment où le Troyen arrive en pays latin: les difficultés qu'il y rencontrera et son succès final sont fort bien symbolisées. Le statisme du morceau s'accorde, pour nous, à l'immobilité du stratège avant l'action, et de l'homme qui a déjà vécu (la destruction de Troie, la mort de sa femme et celle de Didon, sa propre descente aux Enfers). Le dynamisme du passage de Marie s'accorde au contraire à la jeunesse impatiente et verte de Guigemar. Les deux poètes ont donc bien adapté ce motif aux besoins de leur propos poétique. Le passage de *l'Eneas* est une interpolation du poète médiéval au texte de Virgile (Livre VI de *l'Enéide*) non signalée dans la liste établie par l'éditeur du texte de *l'Eneas,* J. J. Salverda de Grave.[157] Un texte ovidien jettera-t-il quelque lueur sur l'ascendance de ces deux passages? Ce sont deux vers où il est question d'un pays où coule une rivière, près d'une montagne boisée, près de la mer:

---

[157] *Eneas,* édn. J. J. Salverda de Grave; 2e édn. (1891, Halle: Niemeyer; rpt. Paris: CFMA, 1964), T. I, p. xxiv.

> Vestrum opus Elis habet, vestrum Stymphalides undae
> Partheniumque nemus... [158]

Ces mots sont justement prononcés par Hercule mourant, prenant à témoin le pays de ses exploits sur ses mérites: l'Elide, pays où coule la Stymphale, près de la montagne boisée du Parthénius entre l'Arcadie et l'Argolide, où fut attrapée la biche de Diane. C'est le lieu où il exécuta son troisième labeur. Ce regard n'est-il pas jeté sur sa vie? (vie=chemin, paysage)? Guigemar ne vient-il pas lui-même d'attraper sa Biche, son destin? N'est-il pas logique qu'il contemple sa vie dans ce paysage, dont il est à l'orée? Par une adaptation fortuite ou subtile, la lande et la falaise sont ajoutées: cela n'en fait que plus couleur locale pour une aventure arrivée dans un pays breton.

En conclusion, nous estimons que ce paysage où l'ordre est indice de direction, où les accidents du terrain sont ceux de la vie, doit être pris dans un sens symbolique. [159]

10. *La détente* (v. 150-204)

Après les grandes fatigues de l'âme, le corps surmené a un besoin vital de repos pour retrouver l'équilibre et la santé. L'étrange expérience et la course hors du bois ont épuisé Guigemar. Alors il voit le *hafne,* évocateur à la fois de refuge et d'invitation au voyage. La répétition du mot souligne sa double valeur: "Braz fu de mer, hafne i aveit / El hafne out une sule nef" (v. 150-151). C'est en effet l'annonce d'une détente au cours de laquelle Guigemar va littéralement se laisser porter, toute défense abandonnée.

Cette soumission au destin, [160] cet abandon à la nef, ne va pas sans velléité de résistance: "aler s'en vœlt" (v. 190). Mais la curiosité de Guigemar est d'abord excitée par la présence insolite de la nef. Et cette nef est unique, toute seule, dans le port. Le latin *sōlus* signifiait pour les paysages: "solitaire, inhabité"; et jusqu'au XIIIe siècle, un

---

[158] Ovide, *Les Métamorphoses,* IX, 188-189.

[159] Manfred Sandmann, *Syntaxe verbale et Style épique (Congresso di studi romanzi,* Florence, 1956). Pour cet érudit, *Fors Saragosse, ki est en une muntaigne* (*Chanson de Roland,* v. 6) signifie l'inaccessibilité de la ville ennemie.

[160] M. Lazar, p. 190: "la nef est messagère du destin" ce qui s'accorde avec le "Ne le neif ne puis governer," v. 336 de *Guigemar.*

dérivé, *souleur,* "frayeur subite." [161] De nos jours, "esseulé" ne s'emploie guère que mélodramatiquement et comporte un sens d'ennui, de tristesse, de peur aussi d'être et de se sentir seul. La *sule nef,* le destin unique de l'homme, produit donc un effet d'autant plus profond qu'elle est solitaire dans le port. Ce qui frappe ensuite le héros ce sont les vergues appareillées, prêtes au départ, puis sa riche beauté extérieure. Les détails de fine construction sont orientés vers l'appréciation masculine: la belle nef se fait tentante. L'étonnement, puissant mobile, joue encore à constater l'absence de tout marinier; il ne rêve pas: "N'i aveit nul ne nul ne vit" (v. 169) dit le poète non sans humour. Veut-elle nous rappeler la vision de la forêt? A l'intérieur de cette belle coque, le chevalier remarque un lit princier qui convie au repos, et l'oreiller magique aux propriétés aphrodisiaques (v. 178-180). Enfin les candélabres d'or fin qui parlent symboliquement de richesse, de fécondité, de domination, [162] mêlent leur splendeur solaire à celle des cierges allumés. N'est-ce-pas l'annonce de quelque joyeuse fête qui s'apprête? En outre, la peine de la blessure se fait de plus en plus pressante (v. 166, 188, 189): autre motivation pour le voyage. [163] Le départ en nef de Guigemar, différent en cela du voyage de Tristan blessé par le Morholt et qui cherche aussi la guérison, n'a pas été préparé par le héros. Il répond à un désir intérieur (v. 142): "K'esloignez seit mult li est tart," décuplé par des appels à sa curiosité, à son imagination, à ses sens, appels tout simplement irrésistibles. De plus, s'il souffre toujours dans sa chair, son esprit est déjà quelque peu soulagé par l'incision du mal, et la promesse d'une guérison plénière.

La somptueuse nef de Guigemar, toute prête à la course, ouvragée comme le temple de Salomon, et dont la rareté des matériaux exotiques s'allie au chatoiement des riches étoffes, est encore en cela bien dissemblable de la nef dénudée de Tristan, l'héritier et l'amant dépossédé typique. Cette somptuosité même, qui rend le motif si

---

[161] *Dictionnaire étymologique, s.v. Seul.*

[162] *Dictionnaire des Symboles, s.v. Or*: "L'or, considéré dans la tradition comme le plus précieux des métaux, est le métal parfait."

[163] Contrairement aux longues plaintes et imprécations de Turnus fâché d'être prisonnier du bateau sans nautonnier, les expression de douleur et d'inquiétude de Guigemar sont simples et espacées: mais est-il juste de comparer un court poème à un long roman qu'il faut étoffer? Cf. *Eneas,* v. 5775-5839.

plaisant à l'œil et au toucher, si éloquemment sensuel, contraste avec la nudité de coloris de l'apparition de la Biche et l'austérité de la prophétie. Elle aide à créer l'impression de soulagement dramatique propre à ce passage. Frappant contraste avec l'aventure en forêt sans la faire complètement oublier, cependant c'est la partie heureuse de la prédiction. Il n'est donc rien de moins conventionnel et de moins accessoire que cette description: elle est bien venue et nécessaire. L'expression "l'uevre Salemon" semble être le summum de toute magnificence et veut qu'on s'y arrête. Un dialogue intéressant et concluant s'est engagé à la fin entre deux médiévistes après une longue controverse.[164] Il en résulte que *l'uevre Salemon* a son ancêtre dans *l'opus regis Salomonis in templo Domini* ou son équivalent, mentionné quatre fois dans la Vulgate. Il est certain que Marie connaissait la Bible médiévale dont les descriptions d'une couleur toute orientale plaisaient au goût du temps, avivé par les rapports des Croisés et des voyageurs. La description parle donc de richesse et de splendeur douce aux sens, elle transmet aussi l'idée de voyage vers un pays chaud et luxuriant. En se pliant à cette mode, Marie ne sacrifie donc nullement son dessein artistique: tout y converge au contraire. Bien entendu, la beauté du vaisseau aperçu de la falaise va agir puissamment sur les sens donc sur les mobiles de Guigemar. De la même façon, la beauté de la Dame, "Ki de beuté resemble fée" (v. 704), "Kar bele esteit a demesure" (v. 708), beauté qui répond à la sienne: "El reaulme nen out plus bel!" (v. 38) l'attirera, comme s'il la reconnaissait depuis toujours. La perfection de la forme laisse pré-

---

[164] Sur le sens de *l'uevre Salemon*, cf. dans l'ordre chronologique:
  a. S. F. Damon, Note 17, p. 979. Pour lui, la nef entière est "la nef de Salomon," plus tard fameuse dans la légende du Graal, et c'est ici sa première apparition dans la littérature. D'où il fait découler toute une interprétation mystique: par exemple, selon *Lestoire del Saint Graal*, "par la nef dois ti entendre (saint eglise) & par la meir le monde": Guigemar serait "drifting through the world in the arms of the Church." Le *lit*, d'après *Lestoire* représente la Sainte Croix. Cette interprétation force assurément le texte.
  b. Nigel Abercrombie, "A Note...": renvoie à la *Vulgate*, "Cantique des Cantiques" (III, 910) pour plusieurs termes descriptifs du lit.
  c. G. D. West, "L'uevre Salemon," *Modern Language Review*, 1954, 49, 176-182. Donne liste des œuvres (XIIe et XIIIe s.) où expression est employée: *Guigemar, Eneas, R. Troie, R. Thèbes, Fl. & Blanch., Veng. Raguidel, Blancandin*. Suit Abercrombie.
  d. H. W. Lawton, ibid., 1955, 50-52. Offre quatre exemples précis où *opus Salomonis* ou similaire apparaît dans *Vulgate*.
  e. *Le Moyen Age*, LXVIII, 1962, 153-160.

sager la perfection intérieure, elle en est le reflet. Et comme la chambre du navire est d'une magnificence qui répond hautement à son splendide abord, le cœur de l'élue tiendra les promesses de son beau *semblant*.

Cédant ainsi à une invite de "luxe, calme et volupté," Guigemar n'a plus qu'à s'en remettre à Dieu en toute humilité; ce qu'il fait dans la tombée admirable de ce passage. Le poète répond par une tendre parole, comme une bénédiction de sœur ou de mère. Mais la prière de Guigemar et la parole de Marie ne font pas de ce poème, dont l'ascétisme est absent, un ouvrage mystique. Il n'est que de comparer les *Sermons* sur l'interprétation mystique du *Cantique des Cantiques* par son contemporain saint Bernard pour en être bien sûr. Sans nier toute couleur mystique à notre conte, le ton où la joie sensuelle anticipée d'un bonheur promis que les épreuves feront mériter, nous oblige à voir en Guigemar un jeune prince bien de ce monde, chrétien sans doute, mais dont le royaume est sur notre terre. Voici à quel point la note mystique résonne: elle donne sa signification à la première aventure de Guigemar, épreuve de l'âme.

Guigemar souffre dans sa chair. C'est sans doute avec intention que Marie montre sa "plaie," rappel léger de celles de Jésus qui vécut en *grant dolur* sur terre;[165] pensée commune aux Chrétiens que d'accepter humblement les épreuves, sur le divin modèle. *Suffrir,* mot chargé et en position forte, prolonge la luminosité religieuse du passage. A la confiance (v. 200) et à l'espoir du croyant (v. 201-2), la Charité répond par un sommeil réparateur (v. 203) et par une bénédiction (v. 204). Car le jeune héros, dans une première bataille, décisive et morale, a été blessé, mais il est victorieux. Quatre vers monorimes terminent la première partie du conte:

> K'a sun pœir l'ameint a port
> E sil defende de la mort
> El lit se colche, si s'endort.
> Hui ad trespassé le plus fort! (v. 201-4)

L'effet singulier de cette répétition de la rime souligne la valeur analogique du quatrain en prière et répons. Le poids du sens en est

---

[165] *Dictionnaire étymologique, s.v. Plaie.* "Le sens moral de plaie, usité depuis le moyen âge, vient de la langue religieuse et se rattache par figure à la fois aux plaies de Jésus Christ et aux dix plaies de l'Egypte."

transféré aux mots de fin de vers. Le premier mot final du groupe, *port* ferme la boucle ouverte par *hafne* (v. 150-1) dont la répétition était un signe, une promesse. Le sens terrible de *mort*, rappelle les dangers moraux et physiques auxquels Guigemar vient d'échapper, et se rapproche de celui de sommeil: deux voyages avant lesquels il faut prier. Heureusement le mot *défende* qui le précède en atténue la crainte en faisant luire l'espérance. Délivré et confiant, Guigemar se couche et s'*endort*. Sa lutte journalière est terminée. La douceur ineffable et modulée du dernier vers témoigne d'une présence affectueuse comme celle de sa *bone mere*, toute discrète. Le dernier mot enfin, *fort*, rappelle la grande vertu du héros, sa force, qui lui a fait prendre le "vert chemin," sur lequel il est encore, détendu dans un sommeil sans rêves, calme et restaurateur. Ces rimes sœurs en *-ort* au son grave et prolongé des gros bourdons d'église, suggèrent enfin, par un symbolisme poétique qu'eut approuvé Verlaine, la cadence d'une berceuse ou le rythme des vagues.

Comme Marie, laissons dormir le héros fatigué, et examinons sa nef.

11. *La nef* (v. 151-205)

Toujours attentive à son dessein, Marie a tissé le motif connu de la nef merveilleuse dans la tapisserie de son conte; sous ses doigts, elle ne sera plus tout à fait ni la barque mystique, ni la nef celtique ni celle d'Héraclès navigant vers les Hespérides, mais un peu de tout cela.

La nef de Guigemar est bien celle "qui se meut d'elle-même et qui transporte le blessé auprès de celle qui seule est capable de guérir sa plaie," [166] celle-là même où Tristan et sa harpe partirent à la dérive. Et autant les héros Tristan et Guigemar diffèrent, autant leurs bateaux sont dissemblables. Quelques dissimilitudes ont déjà été notées: Tristan a préparé la sienne; celle de l'heureux Guigemar prévient son désir et elle est belle et riche à voir. La harpe du mélancolique poète lui serait inutile. Il combat et on le chante.

Ces nefs sont l'instrument classique de l'*Imrama* des légendes celtiques,

---

[166] E. Hoepffner, *Les Lais...*, pp. 84-5.

> *Imrama* ... départs vers l'Autre Monde à l'appel d'une fée ou sous le coup d'une *Geis,* généralement en bateau... [167]

et ont la fonction essentielle de transporter le héros magiquement d'un point à un autre où reprendra l'aventure. Il ne s'agit pas d'un périple de Jason, d'Ulysse ou d'Enée, mais d'un seul déplacement et d'un retour, pour marquer la coupure du temps: enfance derrière, adolescence et âge d'homme à l'avant. Cette suspension d'action momentanée est d'autant plus marquée dans notre conte que Guigemar est fort et aventureux. Par une autre subtilité du poète, cet arrêt est encore souligné par un changement de style; la narration des événements où le protagoniste apparaissait, indirectement, est interrompue: le poète prend directement la parole et se détourne du héros endormi; elle projette son attention vers le but du voyage que, dans son omniscience, elle connaît déjà. Jean Marx a dépeint ainsi le but de *l'Imrama*:

> voyages... vers les îles merveilleuses de l'éternelle jeunesse au-delà des mers où les voyageurs visitent l'île des Femmes et l'île des Pommiers et des fruits d'immortalité. [168]

Comment ne pas voir en ces îles merveilleuses les descendantes de l'île des Hespérides où Héraclès trouva la Sagesse et l'Amour, sous la forme des pommes d'or mythiques qu'il rapportera à Héra? Ce schème appartient aux Quêtes du Graal, dont la mysticité se retrouve dans la fameuse *Navigatio Sancti Brandeni* qui mène au Paradis. [169]

Notre nef a encore ceci de particulier qu'elle servira encore une fois à Guigemar, et à sa Dame. Cette prolongation de l'usage du motif féerique a l'effet paradoxal de réduire le caractère merveilleux

---

[167] Jean Marx, pp. 90-1.
[168] Ibid.
[169] U. T. Holmes Jr., *A History of Old French Literature,* op. cit., p. 44. Les rapports mutuels de la *Navigatio* et de la mythologie avec l'*Imrama* sont étudiés. Que le voyage mystérieux appartienne à toutes les cultures et à toutes les croyances, et remonte même au cycle solaire était, déjà, l'avis de Gaston Paris, *Littérature française au moyen âge,* 1909, p. 236; et de C. Voretzsch, *Einführung in das Studium der altfranzösischen Literatur,* 1913, p. 122, cités par U. T. Holmes Jr.

Au contraire, Gabriel Roulleau, *Etude chronologique de quelques thèmes narratifs de romans courtois* (Paris: Champion, 1966) voit distinctement en la *Navigatio* une "Enéide chrétienne." Jean Frappier le reprend dans l'Avant-Propos pour son attitude unilatérale.

de l'objet, et de le ramener à des proportions humainement compréhensibles, comme sa description a déjà poussé dans ce sens. La qualité d'être "unique" dans le temps et dans l'espace force l'étonnement, le respect, la crainte. Dieu unique se fait craindre: Dieu en trois personnes s'est humanisé, s'est partagé; il inspire toujours le respect et la crainte, mais aussi des sentiments plus humains, c'est-à-dire des sentiments que les humains adressent à leurs semblables, de l'amour, de la confiance; et cela permet le dialogue en rapprochant les distances. Guigemar avait été frappé tout d'abord justement par cette qualité de la nef d'être *sule*. Cet emploi mixte et répété de la nef, qui n'existe pas dans les autres contes, appuie sur l'unité, spirituelle mais aussi charnelle, des amants. Le destin, en leur envoyant la même nef, favorise ainsi les élus, et facilite leur union finale.

L'apparition du bateau a répondu fort à propos au désir crucial de l'usager de partir pour une raison de la plus urgente importance: Guigemar voulait partir pour recouvrer la santé; il partira encore plus tard sur mer pour éviter la mort; de même, la Dame partira pour échapper à la prison et peut-être à la mort lente. La nef symbolise donc le vœu formé en soi puis exaucé: elle est l'extériorisation à la fois d'un désir (santé, vie, bonheur, liberté) et d'une crainte (mort, prison, malheur), et le moyen d'obtenir le premier et de fuir cette dernière par le départ. Le départ, moyen dynamique de faire avancer l'action, est bien la représentation narrative du dynamisme psychologique intérieur des personnages. Le chevalier et la Dame sont donc dépeints par ce moyen comme sentant de concert et agissant de concert. Et la nef, étant le moyen de réaliser les vœux non formulés des amants en devient à la fois magique (divination et moyen supraterrestre) et humaine (compréhension intérieure = die Einfühlung; the empathy; et compassion). Ce changement du plan féerique au plan sensible et humain a déjà été remarqué dans le motif de la Biche, dont la dernière parole s'était humanisée.

12. *La conquête amoureuse* (v. 205-542)

La partie intérieure du conte, située entre l'arrivée du bateau de Guigemar et l'échappée de la Dame par ce même bateau féerique, est le temps du cœur, comme la première était le temps de l'âme — les deux se terminant par une conquête de Guigemar. Leur lien réside en ce que la première, la plus difficile, a permis la seconde (v. 204).

A la différence du dynamisme de l'intrigue jusqu'ici, où le héros résout ses problèmes en se déplaçant, l'action de cette partie se meut sur place, "for the lovers are reduced by their emotions to an incapacity for action such that progress in the plot seem impossible." [170] Un élément extérieur au couple sera donc nécessité pour la marche de l'action: ce sera d'abord la *meschine*, puis le chambellan, et enfin le mari. D'où l'abondance du dialogue dans cette partie centrale: conversations amicales entre la Dame et son amie, puis entre elles et leur nouvel hôte tour à tour; tirades amoureuses d'abord quelque peu timides, ensuite, toutes digues rompues, passionnées, qu'enfin la joie d'amour rend superflues; plus tard, dans l'attente angoissée du malheur, serments lents et solennels sur lesquels on ne revient pas; puis le corps à corps parlé du mari et de l'ami remplaçant le combat que le mari refuse.

Le merveilleux attaché à l'apparition de la Biche a persisté en Guigemar; la rugueuse écorce de l'orgueil et de la rudesse a été ouverte, et, à cause de la prédiction, en lui pénètre ce sentiment de délicieuse et cruelle attente que les troubadours appellent "l'amor de lonh." Ce sentiment nouveau chez le héros est tout puissant sur l'imagination parce que nulle réalité ne peut l'en défendre. Le poète a donc créé en Guigemar le climat favorable à l'éclosion de l'amour. Une auberge secourable attend celui qui vient de loin qui, plus heureux que Rudel, connaîtra l'amour partagé et heureux, "l'amour doussana,"

> Dinz vergier o sotz cortina
> Ab dezirada compahna.

Un coloris courtois illumine donc le deuxième acte de notre drame où le chevalier fera la conquête de sa Dame. Comme Chrétien trouvère, il pourra se vanter que ni la potion ni le breuvage interdits dans la prédiction ne seront ses alliés:

> Onques del bevrage ne bui
> don Tristan fu anpoisonez,
> mes plus me fet amer que lui
> fin cuers et bone volantez.

---

[170] R. N. Walpole, p. 220.

Il arrive au château de la Dame seul et sans défenses, et si ce n'est tout à fait sans sortilèges, c'est que l'amour ne saurait s'en passer.

Le pays où la nef l'emporte ressemble à celui de l'Autre Monde des contes celtiques car le héros y oubliera tout ce qui n'est pas là: "Tut ad sun païs ublié. / De sa plaie nul mal ne sent" (v. 382-3), et il y goûtera les joies totales de l'amour partagé. Il en diffère parce que cet oubli n'est que momentané, et que la Dame n'est pas fée, bien que sa beauté fasse qu'on s'y trompe. Elle est aussi humaine que Guigemar, et son emploi de la nef le certifie. Cette contrée merveilleuse dont le seul accès est la mer rappelle et les Iles des Bienheureux et les Hespérides dont les fonctions se confondent dans le mythe d'Héraclès.[171] Peut-être n'y eut-il jamais de distinction formelle entre les deux,[172] car l'idée de violence attachée à ce onzième travail (la conquête des Pommes des Hespérides) disparut pour laisser place au thème du "repos héroïque." Nous trouvons cette source mythologique confirmée par la lettre, comme elle l'est par l'esprit. Le décor enchanteur et symbolique du verger et de la chambre, près de la chapelle, est séparé du monde par un mur rébarbatif érigé par un jaloux. Ce jaloux est un vieillard bien conscient de son danger, à moins que Dame Nature elle-même, qui selon Marie "purporte ... ke tuit li vieil seient gelus" (v. 214-5), ne l'ait prévenu, comme Thémis prévint Atlas veillant sur les pommes d'Héra:

> Tempus, Atla, veniet, tua quo spoliabitur auro
> Arbor et hunc praedae titulum Iove natus habebit.[173]

Le mari repousse tout visiteur: "Nuls ne pout eissir ne entrer" (v. 226), comme Atlas chasse les étrangers des approches de son château sur la mer:

> Id metuens solidis pomaria clauserat Atlas
> Moenibus et vasto dederat servanda draconi
> Arcebatque suis externos finibus omnes.[174]

---

[171] Flacelière et Devambez, *passim.*
[172] Jean Bayer, *Les origines de l'Hercule romain* (Paris: E. de Boccard, 1926), pp. 399 ss.
[173] Ovide, *Les Métamorphoses*, IV, 644-5.
[174] Ibid., IV, 646-8.

Mais ni les murs solides, "de vert marbre fu li muralz, / Mult par esteit espès e halz!" (v. 221-2) ni le prêtre chenu posté là en guise de dragon par le mari, n'empêcheront le héros, tel Héraclès, d'entrer dans le fort dont les défenses sont vaines, et de ravir la Dame.

Quels attraits aura, pour une jeune femme enfermée et mal mariée, ce jeune chevalier, beau, blessé, et bientôt racontant ses exploits, non pas ses exploits guerriers et chevaleresques, mais ceux, plus extraordinaires encore, qui lui ont permis d'aborder dans ce château! Il excite tour à tour la curiosité, la pitié, le désir, l'admiration. Le chevalier emprunte à la nef quelque chose de son merveilleux, et il est bien vivant, il faut le soigner, le nourrir, et l'aimer.

L'amour-médecin, qui "resane quant a navré" (Enéas, v. 7990), est un de ces lieux communs aux versions multiples, attestés par l'expérience, et que l'on trouve dans les légendes, la littérature, et la vie. Avec Vénus intervenant quand Enée est blessée de la flèche, "iamque secuta manum nullo cogente sagitta," [175] bien que peignant l'amour maternel médecin, Virgile a créé une jolie image d'amour un peu sorcier. Le poète de *l'Enéas* a changé la métaphore en faisant intervenir "uns molt buens mires" (Enéas, v. 9552); mais Marie suit Virgile qui donne le pouvoir guérisseur — la guérison n'est-elle pas un don nouveau de vie? — à la main féminine. Cependant, dans son contexte, cette main devait être celle d'une amante pour Guigemar libéré des liens de l'enfance. Telle Iseut, la Dame guérit d'abord l'homme qu'elle aimera. Ce geste symbolique de la guérison par la Dame qui sera aimée n'a-t-il pas un peu le sens d'une purification? "Et l'amour m'a refait une virginité," disait Juliette Drouet par la plume de Victor Hugo. Le cœur des hommes n'est-il pas un palimpseste dont les anciens écrits sont effacés avant que les nouvelles amours gravent leur histoire? Et pour bien montrer, qu'en cet amour il n'y a pas d'artifice, Marie fait de la Dame une mortelle qui va pieusement prier à la chapelle.

Le thème de la guérison est employé avec une subtilité qui ne laisse rien à désirer à la psychologie ovidienne. D'abord le héros, qui sait si bien faire valoir l'aventure en forêt qui l'auréole d'une lumière surnaturelle (v. 313-327), ne souffle mot sur la destinée d'amour où sa guérisseuse participera. S'il guérit, ce sera donc la preuve que la

---

[175] Virgile, *Enéide*, XII, 423-4.

Dame-médecin est aussi la Dame du destin. Ce silence qui indique une attitude expectative et peut-être un peu méfiante (ne se rappelle-t-il pas les dames de la cour trop empressées?) est bien dans le caractère de Guigemar "dont le bras vaut mieux que la langue": "Melior mihi dextera lingua," d'Ovide sur Hercule s'apprêtant à combattre Achéloüs.[176] Il refuse le badinage mondain, et bientôt coupera court à la mutinerie courtoise de la Dame. Sa guérison, en l'assurant que la Dame lui est bien destinée, va l'éclairer d'une certitude qui explique sa hâte, et l'on assiste à la métamorphose du chevalier blessé qui devient guéri puis convaincu. Jean Marx remarque que, dans les légendes celtiques, l'homme sous le coup de la *Geis* est toujours choisi par la femme.[177] Il est de fait que sa mère et la Dame, représentées par sa Biche, forment un pouvoir féminin bien puissant dans la vie du héros. Mais puisque c'est de Guigemar ou de la Dame que nous vient le reste de l'histoire, et qu'ils n'en disent rien, qu'importe la précision là-dessus, s'ils sont heureux.

Un poète qui a si manifestement lu Ovide est bien ingrate de faire jeter son livre au feu, et par Vénus! Il faut d'abord bien remarquer son choix: elle n'y fait jeter ni les *Métamorphoses*, ni les *Amours*, ni l'*Art d'Aimer*, ni le reste, seuls les *Remèdes d'Amour* sont condamnés; c'est que, selon la dialectique amoureuse de Marie, le véritable amour, "fin' amors," étant fatal, il ne saurait guérir:

> Ceo (=Amur) est un mal ki lunges tient,
> Pur ceo que de Nature vient. (v. 485-6)

Cependant, Philippe Ménard nous rappelle que la chambre fut construite par le mari: "Li sire out fait dedenz le mur, / Pur mettre i sa femme a seür, / Chaumbre" (v. 229-231), et il voit, non sans humour, dans le message de la peinture, une "maladroite tentative d'endoctrinement" de sa part. Le mari aurait mieux fait de lui faire jeter l'*Art d'Aimer* dans le brasier, dont le IIIe livre conseille aux femmes de tromper leurs maris: "Est vobis vestros fallere cura viros," (III, 484 ss.).[178]

Le geste de la Dame — qui pour Guigemar est l'Amour personnifié ou le sera bientôt — de toucher le cœur du chevalier endormi

---

[176] Ovide, *Les Métamorphoses*, IX, 29.
[177] Jean Marx, pp. 313-314.
[178] Philippe Ménard, p. 250.

pour déceler s'il bat encore, est tout à fait symbolique, et nous fait revenir à notre interprétation du "Nature out mespris" pour la confirmer. Quand la jeune fille a vu le blessé qui est si pâle qu'elle le croit mort, sa maîtresse répond:

> Or i alums!
> S'il est morz, nus l'enfuïrums;
> Nostre prestre nus aidera.
> Si vif le truis, il parlera. (v. 287-290)

Ces mots signifient que si le cœur du chevalier est décidément mort (=froid, indifférent, incapable de battre), qu'alors son corps soit abandonné aux méchants et aux impuissants comme le prêtre, et qu'il n'en soit plus question. Mais s'il est vivant, si son cœur n'est qu'endormi, pas encore éveillé à l'amour et non pas mort, il "parlera." Ce qu'il est — ce qu'il fera. Et la Dame, en lui "touchant le cœur," le guérira.

J. Wathelet-Willem s'arrête aux vers 61-64 du conte *Lanval*[179] où il est question, comme dans *Guigemar* (v. 369), de bassins d'or. Dans d'autres exemples contemporains, la coutume d'offrir de l'eau de bassins avant un repas est attestée — cet emploi correspondant ainsi à la coutume médiévale de présenter de l'eau à un invité d'honneur avant le festin où il est convié.[180] Dans *Lanval*, J. Wathelet-Willem y voit une action lustrale ou purificatrice "au moment d'entrer dans l'Autre Monde," donc les bassins d'or sont un signe de la proximité de cet Autre Monde. Elle déclare que pour *Guigemar*, "la situation est différente," car "il s'agit ici de soins à donner pour panser la blessure du héros." Marie étant l'auteur des deux contes, la signification des bassins doit être, en toute logique, la même dans les deux, compte tenu bien entendu des différences de circonstances. Or, l'atmosphère d'Autre-Monde qui est présente dans *Guigemar*, l'est visiblement dans sa première partie, à l'apparition de la Biche. Dans la séquence qui nous occupe, il y a un refus très net de toute magie "agissante," seuf celle de l'amour qui est naturel et qui refuse les philtres et autres moyens magiques. Il nous semble que Marie, em-

---

[179] J. Wathelet-Willem, pp. 661-686; cf. Note 3, p. 662.
[180] Jean Rychner, Notes sur *Guigemar*, pp. 254-5; conclut: "Marie n'explicite pas, usant des mythes, comme Chrétien, pour baigner les choses de ce monde d'un halo de mystère évoquant l'autre."

pruntant un motif connu, a seulement étendu le sens de *festin* en celui de *festin d'amour,* comme les écrivains mystiques auraient pu faire allusion à un *festin mystique.* En effet, un repas a bien lieu dans les deux contes, dans *Guigemar,* après le pansement, et dans *Lanval,* quelques heures après l'arrivée des demoiselles et de leurs bassins. Et aussi, les deux héros vont goûter la Joie d'amour après l'apparition des bassins. Ces bassins ont une affinité avec la Coupe de la légende du Graal, quête mystique transformée en quête d'amour profane. Par leur dualité, ils indiquent peut-être la dualité inhérente à l'amour partagé. L'eau des bassins dans *Guigemar* sert en effet à laver la plaie du héros, mais il faut se rappeler que selon la prédiction, celle qui soignera Guigemar sera celle qu'il aimera et qui l'aimera. Ils remplissent donc une fonction de l'amour dans le conte. Si l'on ajoute à ces réceptacles la signification symbolique de l'or déjà notée, domination, force et fécondité,[181] on voit qu'au don d'amour s'ajoute ses corollaires. Le symbole de l'or se trouve encore dans la flèche d'or de Cupidon, celle qui fait naître l'amour, mentionnée par Ovide:

> facit illud amorem.
> Quod facit auratum est...[182]

Le jeune homme si bien reçu se réveille le cœur "féru" par l'Amour. L'Amour a pris sa revanche d'être si longtemps dédaigné, ce qui n'est guère inusité:

> Me miserum! Certas habuit puer ille sagittas!
> Uror, et in vacuo pectore regnat Amor.[183]

Cette douce vengeance semble étourdir Guigemar, et ce n'est pas sans une nuance d'ironie amusée, qui donne le ton à ce morceau, qu'elle est annoncée: "Mes Amur l'ot feru al vif" (v. 379). Quelle chose incroyable! Comme Phébus aux flèches d'or, Guigemar le chasseur est à son tour chassé: "Figat tuus omnia, Phoebe, Te meus arcus!"[184] Mais ici, et pour prouver qu'il a bien pardonné les négligences passées, Amour tire deux traits qui ont l'effet de faire naître la passion partagée, et chez le héros, et chez la Dame. L'effet de la

---

[181] *Dictionnaire des Symboles,* s.v. *Or.*
[182] Ovide, *Les Métamorphoses,* I, v, 469-470.
[183] Ovide, *Amores,* I, i, 25-26.
[184] Ovide, *Les Métamorphoses,* I, 463-4.

flèche d'Eros est trop connu, il a une trop belle lignée pour que nous nous y arrêtions devantage : ce qui est intéressant, ce sont les modifications que Marie a apportées à ce thème surfait.

Elle a marqué d'abord que sans la première blessure la flèche d'Eros eût été inefficace. Donc toute la première séquence, y compris la prédiction, était nécéssaire au déroulement de l'action. Ceci revient à dire que le destin d'amour — l'amour fin et loyal dont il est question — est un destin d'élection qui doit se mériter par des attributs naturels et des attributs acquis : autrement dit, selon Chrétien, par "fin cuers et bone volantez." Il ne s'agit donc pas d'érotisme tout pur, quoi qu'il ne soit pas absent : la joie physique n'est-elle pas la réalisation, la concrétisation de l'amour idéal ? Cet amour exemplifie la plénitude qui doit caractériser l'amour vrai : l'ascétisme serait sa négation ; il n'est donc pas une figuration de l'amour mystique.

Un effet psychologique de l'amour, bien connu encore, est de faire oublier tout ce qui n'est pas lui-même. Guigemar n'échappe pas à cette règle : "Tut ad sun païs ublié, / De sa plaie nul mal ne sent," (v. 382-3). Ici, cet oubli a une importance particulière : il permettra à l'amour de naître de façon toute naturelle. Nous avons vu que le souvenir de la prédiction avait presque l'effet forcé d'un breuvage magique — cet effet étant effacé, l'Amour n'obéit qu'à ses lois propres.

La "meschine" qui va de l'un à l'autre amoureux, pleine de compréhension, de tendresse, a l'esprit clair et bien ouvert, non seulement à cet amour qui prend naissance, mais au "dangier" de son amie. Toute sympathique qu'elle soit à l'aventure qui s'annonce, à son romanesque et à son mystère, à la beauté des deux amants qui semble un signe de prédestination, elle craint pour son amie qui est déjà si malheureuse. Cette crainte est délicatement exprimée en gestes et en paroles par la jeune fille, et qu'elle soit présente est encore une preuve de la conscience réaliste du poète. Sous un beau semblant de beauté et de puissance exprimé par les poètes, la réalité de la femme au moyen âge est celle contenue dans le terrible terme de *daunger, dangier,* < **dominiarium,* et que résume ainsi C. S. Lewis : "the lord's power to act (and therefore to hurt) or his power to give (and therefore to withhold)."[185] Cependant, et son étymologie l'indique, *dangier* (=puis-

---

[185] C. S. Lewis, *The Allegory of Love, A Study in medieval tradition* (1936; rpt. New York: Oxford Univ. Press, 1968), Appendix II, p. 355 ss.

sance de maître), peut aussi signifier, pour la Dame, d'être la maîtresse de sa personne, et d'avoir le droit de se refuser. Nous verrons plus tard la Dame user de ce droit contre un autre, mais seulement quand elle se saura appuyée par la force de l'amour de Guigemar. Ce droit de la Dame est implicite dans l'amour courtois, justice poétique du cœur. L'historien G. G. Coulton, a rendu compte de la position de la femme au moyen âge en se basant sur les archives du temps:

> In law, medieval woman had certainly great disadvantages, of which the most startling was her crude subjection to physical violence. [186]

En dépit d'une tradition littéraire pas toujours favorable au rôle de soubrette (nous pensons particulièrement à la vieille de *Pamphilus*, "comédie" latine du XIIe siècle, type qui florira chez les "baroques"), les romanciers courtois ont tracé de charmantes figures de jeunes suivantes plus amies que servantes, dont la tranquille ingéniosité fait ressortir l'effet paralysant de l'amour sur leurs maîtresses. Sous cette veine de comédie née du contraste des idées claires des "meschines" et des idées confuses de leurs Dames, se cache le sérieux de la situation de la femme médiévale. La jeune Lunette de l'*Yvain* de Chrétien de Troyes, Marguerite et Alis de *Flamenca*, et surtout la fidèle Brangien d'Iseut, jouent ce beau rôle de protectrice et d'amie que nous décelons chez la jeune nièce de l'amie de Guigemar.

La châtelaine de "la cuntree tut entur" (v. 340) n'est en fait pas plus libre d'aller qu'une serve. Déjà prisonnière, elle le sera encore plus durement bientôt. Mais à elle aussi le poète départira l'énergie, et elle deviendra une "mal-mariée" qui se libère. La justice sera donc bien rétablie par l'amour, et de cela la jeune fille en aura l'intuition. Rassurée sur les intentions et les nobles sentiments du chevalier, elle animera la scène de sa présence compréhensive, active et éveillée. Dans *Guigemar*, une ronde de jeunes filles en fleurs égaie ou adoucit les trois parties du conte; la sœur du chevalier, aussi belle que lui; la nièce de la Dame, et la sœur de Meriaduc. Toutes trois épandent l'influence bénéfique de l'innocence, et comme les fleurs, elles sont symbole et beauté.

---

[186] G. G. Coulton, *Medieval Panorama, The English scene from Conquest to Reformation* (1938; rpt. New York: Meridian Books, 1957), Chap. XLV, 'Women's Life,' p. 614 ss.

Après la première entrevue, la beauté toute capiteuse de la Dame persiste dans le souvenir du chevalier, par un phénomène de mémoire du cœur que Proust décrira abondamment. En un joli quatrain évocateur (v. 413-416), elle est dépeinte:

> En sun queor alot recordant
> Les paroles e le semblant
> Les oilz vairs e la bele buche
> Dunt la dolçur al quor li tuche.

La cadence du rythme où les sons et les sens s'appellent et se confondent: "queor" et "recordant"; "paroles" et "semblant"; "oilz" et "buche," donne le souffle de la vie à la charmante femme qu'il vient d'animer, et renseigne sur les musardises de l'amour où le chevalier se complaît. Vivante dans son souvenir, elle agit puissamment dans l'absence où elle envahit l'esprit, le cœur et les sens. La "fin'amors" se définit dans cette description.

Le badinage courtois qui est de rigueur dans les scènes de la naissance de l'amour chez les romanciers courtois contemporains à Marie, doit encore se plier, se sacrifier même à la vérité de son personnage. Qui attendrait de Guigemar les subtilités de langage du chevalier de cour? Cela s'accorderait bien peu à son caractère. La Dame est fine, et pressentant la pureté et la robustesse de l'amour qui lui est offert, elle cède à son attraction sans se soucier des fleurs du langage.

A ce point, seul un principe extérieur à eux-mêmes, et malfaisant, pouvait faire mouvoir l'action et séparer les deux amants, cela va de soi. Ils sont comme deux prisonniers; ils sont perdus pour le monde, et le monde doit les connaître pour admirer et perpétuer leur amour. La prédiction va retrouver toute sa virulence (nous le saurons quand Guigemar rappellera tout l'incident de la forêt au mari); il est donc certain pour les amoureux qu'après la joie, ils devront connaître la souffrance. Le mari et le chambellan pousseront la Roue de la Fortune, et par son dynamisme fatal, elle entraînera le mouvement qui finira leur bonheur présent. Celle dont la Philosophie fait supporter l'instabilité, selon Boèce, est un thème à la fois philosophique, religieux et poétique parmi les plus utilisés au moyen âge, et encore.[187] Les prédi-

---

[187] Italo Siciliano, *François Villon et les thèmes poétiques du moyen âge* (Paris: A. Colin, 1934). Cf. Livre II, 'La Fortune,' *passim*.

cateurs chrétiens, les bâtisseurs de cathédrales (cf. la rose méridionale de la cathédrale d'Amiens), les poètes, les miniaturistes (Cf. *Hortus deliciarum*) ont représenté profusément la Roue de la Fortune.

L'emploi et la mention de ce motif ne nécessitent aucune justification: le revers de fortune arrive au point précis, dans notre conte, où l'heur des amants doit changer, selon la prédiction; et le poète exprime sa compassion en se servant de cette image populaire, consciente qu'elle est que la joie amène la peine, et la peine la joie. Il faut se garder de n'y voir qu'un simple ornement poétique ou une tentative de flatter le goût du jour. Marie ne suivait pas — elle était parmi ceux qui guidaient — le goût du jour. La place du motif au cœur de ce poème bien structuré en indique l'importance. Il est en quelque sorte l'emblême de son dynamisme. Emile Mâle considère ce thème comme une "métaphore antique déformée" [188] et non comme un motif d'origine populaire. En effet, l'influence de la *Consolatione Philosophiae* de Boèce est ici toute puissante parce que son enseignement à la fois stoïque et charitable, que l'on a comparé à celui de saint Augustin, s'apparente à la leçon morale du conte selon laquelle le véritable bonheur ne peut se gagner que par les souffrances. Il est sans doute significatif que le philosophe ait abordé et résolu le problème de la prédestination et du libre-arbitre, sous-jacent dans *Guigemar*. La prédiction faite au héros (Destin prévu par Dieu de toute éternité), puis oubliée (v. 381 ss.) par le héros, ce qui lui confère ainsi son libre arbitre et sa responsabilité, illustre la leçon métaphysique du poète, sur un mode mineur peut-être. Le dernier chant du Livre II de Boèce exalte l'amour comme force d'harmonie et de recommencement dans un monde soumis au rythme solaire et lunaire; on voit l'attrait de cette pensée pour un poète courtois: "Constantia in mutabilite." Les amants allaient illustrer cette pensée. Nous sommes persuadée que l'érudite Marie allait à des sources directes, comme les traités de philosophie, plutôt qu'elle ne puisait ses motifs dans les thèmes à la mode. Et quelle illustration de ce stoïcisme dans le changement de fortune que le grand Héraclès, dont les hauts et les bas sont si fameux!

---

[188] Emile Mâle, 'Le Miroir de la Science,' p. 117 ss. Cf. Italo Siciliano, op. cit.: "Fortune avait dit à Boèce: "Rotam volubili orbe versamus..." Cette image frappa la fantaisie: ce fut un véritable carrousel de roues. "Autres exemples: "La Fée Morgue l'emporte avec elle; Le roi Artus la voit tourner en songe; Fauvel veut s'en saisir; Renart y est hissé en triomphe."

13. *La ceinture et le nœud* (v. 543-620)

Un matin d'été, quand leur jardin secret est le plus ensoleillé, l'amie sent approcher le malheur. Est-ce intuition féminine, prescience du cœur, indices de soupçons et de quelques maladresses? Laissons ce mystère: "Mis quors me dit que jeo vus pert" (v. 547); déchirantes et mélodramatiques, ces paroles sonnent comme un glas. La plus grande douleur dans l'amour heureux est de *perdre* celui qu'on aime: par l'éloignement, par l'infidélité, ou par la mort. Cette triple menace gît dans l'idée de leur découverte, et la détresse qu'elle cause donne à chacun l'intuition de la détresse de l'autre. C'est d'abord pour soulager cette détresse — celle de l'autre — et pour pallier à cette menace, que les amants vont échanger un don et prononcer quelques paroles en toute solennité.

Selon le principe de la magie homéopathique et imitative,[189] les objets échangés (ceinture et nœud), qui vont encercler et nouer, vont protéger contre la *perte* — qui n'est autre qu'un desserrement de liens. D'autre part, à cause de ce que chacun d'eux croit en soi-même et en l'autre, la vertu magique des objets va se trouver immédiatement opérante. D'où il résulte chez les amants, après l'échange, un retour immédiat à la sérénité: "Puis la baisë, a taunt remaint" (v. 576).

Par certains côtés, cette cérémonie procède de la *Geis*. Elle en diffère en ce que l'échange est librement consenti et survient tard dans l'aventure, car nulle défense et nulle menace n'est expressément formulée, enfin parce que celui qui donne reçoit. Cependant, considérant que la qualité de lien d'honneur caractéristique de la *Geis* est bien présente; que des obligations positives aussi bien que des négatives sont à la base de toute fidélité; que l'objet concret du tabou existe; que l'aventure et le risque seront désormais le lot des "promis" — leur mission les conduisant "à travers les périls et les errances"; et qu'enfin la nef féerique, réapparaissant, facilitera leur *Imrama* en quête du bonheur, on peut penser à une subtile modification du motif de la *Geis*.[190] De toute évidence, il y a ici adaptation de la structure

---

[189] J. G. Frazer, *The Golden Bough*, p. 14 ss.
[190] Jean Marx, sur les diverses caractéristiques de la *Geis*, pp. 313-4 et *passim*.

générale des contes folkloriques celtiques par un poète en toute possession de son art. [191]

Les paroles ne comportent explicitement aucune défense; au contraire, elles expriment la permission d'aimer encore, mais à une condition telle, tant l'amant qui les prononce est sûr qu'aucune autre personne ne pourrait jamais *ouvrir* ou *déplier* le cœur de l'autre, qu'elle en est insurmontable: "Cungié vus doins... d'amer" (v. 560-1), et "Ki la bucle purrat ovrir... Il li prie que celui aint" (v. 573-5). Ce qui est enserré ou noué, symboliquement, c'est le cœur. La différence de l'objet selon le sexe veut qu'on s'y arrête.

S. Foster Damon regarde ainsi la ceinture attachée à la Dame:

> he locks a chastity-girdle about her. (These devices must also be symbolic: no man would lock his mistress up in such a girdle with no immediate and apparent cause.) [192]

Pour de nombreuses raisons, réalistes et poétiques, il est impossible de voir en cet objet une ceinture de chasteté. Les seigneurs du temps ceignaient bien parfois leurs femmes de cet engin cruel à leur départ en guerre ou en croisade, pour s'assurer de leur fidélité pendant l'absence. Mais au moment où l'échange est fait dans ce conte, sous la crainte d'être découverts, Guigemar et sa Dame ignorent ce que l'avenir leur réserverait dans cette éventualité: mort immédiate ou séparation momentanée ou définitive. Une chasteté totale ne peut d'ailleurs être exigée d'une femme mariée: l'emploi de cette ceinture de fer serait une façon inadmissible pour un amant courtois d'exiger que "celui qui a le cœur doit avoir le corps." La cœrcition du corps serait contraire aux édits de l'amour véritable dont les seules chaînes sont, paradoxalement, celles qui sont librement consenties. Une contrainte pareille équivaudrait à celle que le seigneur de la Dame lui inflige en la "serrant" dans son donjon: "Dedenz cest clos m'ad enseree" (v. 345). Il faudrait aussi imaginer une autre intervention magique

---

[191] Cf. Jean Rychner, Intro. pp. xvii-xviii sur la destruction de "l'organicité traditionnelle des lais bretons féeriques" par Marie, qui réussit à "se maintenir dans un équilibre séduisant entre le folklore et l'art réfléchi."
Cf. aussi Rachel Bromwich, pp. 439-441 sur les transmissions arbitraires des thèmes dans le folklore celtique. Marie, et les romanciers arthuriens, ayant à leur disposition d'autres sources que les contes gallois et bretons, devaient inévitablement altérer les thèmes reçus des unes et des autres.

[192] S. F. Damon, p. 982.

pour expliquer comment la ceinture fut là et charger inutilement l'économie du conte. Ou bien penser qu'elle aurait été obtenue par le mari, mais alors quel sacrilège ce serait de la faire employer par Guigemar! Nous savons que les hauts créneaux et le prêtre étaient les seules défenses du mari. Aussi sa surprise sera-t-elle extrême à les voir inutiles: "Enquis li ad e demandè / Ki il esteit et dunt fu nez / Et coment est laeinz entré." (v. 602-4)

Le nœud, dont l'enchevêtrement est plus complexe que celui de la boucle, convient mieux à un homme: c'est en effet à Guigemar que reviendra le rôle actif du démêleur de la complication qui sépare les amants. J. G. Frazer signale un ancien tabou qui défendait de porter sur soi un nœud [193] à cause du risque de danger en diverses circonstances, pour les hommes ou les femmes: accouchement, mariage (nœud de l'aiguillette), ou mort. Cela explique peut-être que Guigemar faisait porter sa chemise pliée par un chambellan. Un fameux exemple mythologique où un nœud retarde l'accouchement est celui d'Héra qui, assise à la porte d'Alcmème, mère d'Héraclès, reste les bras croisés pour différer la venue du héros. La croyance que le nœud pouvait empêcher le mariage était fort répandue au moyen âge. Cette signification n'est pas étrangère à notre conte puisque le nœud, tant qu'il n'est pas défait, empêche le mariage de Guigemar avec toute autre que la Dame; mais il empêche aussi le mariage des amants l'un avec l'autre. Il fallait donc créer des circonstances qui obligeraient non seulement la Dame et Guigemar à se retrouver, mais aussi à forcer la Dame à défaire le nœud, et, inversement, Guigemar à ouvrir la boucle. Puisqu'une simple reconnaissance ne pouvait suffire, cela nous a valu des complications dramatiques et psychologiques très efficaces. Parce que les gages et ce qu'ils représentaient étaient connus de tous, il fallait que leur ouverture fut publique. Le nœud magique est donc aussi un nœud dramatique, selon l'intention du poète.

Au contraire de la masculanité du nœud, la ceinture qui orne la parure des dames fait penser aussi bien à celle de Vénus qui suscite les hommages passionnés à celle qui la porte, qu'à celle d'Hippolyte, la reine des Amazones, qu'Héraclès alla conquérir. [194] La signification érotique dans ces deux cas a certainement influencé le choix du motif.

---

[193] J. G. Frazer, 'Knots and Rings tabooed,' p. 277 ss.
[194] Cf. R. Graves, p. 88: "The story of Héraclès is, indeed, a peg on which a great number of related, unrelated, and contradictory myths have

La relation du nœud de Guigemar avec le nœud gordien que Jeanne Lods signale, [195] existe, mais c'est un rapport négatif. La manière brutale d'Alexandre le Grand de trancher le nœud par l'épée n'est plus la manière d'agir de Guigemar depuis que la Biche et Eros lui ont fait la leçon. Le souvenir de ce nœud dans l'esprit du lecteur amplifie donc la morale courtoise.

Le choix des motifs qui vont servir de gages témoigne du soin de Marie de les faire accorder intimement avec tous les éléments du conte. Déjà Ernest Hoepffner loue l'originalité du poète: "le moyen traditionnel et banal de l'anneau ... est remplacé chez Marie par des 'enseignes' plus originales." [196] Les anneaux avaient été employés ailleurs par Marie:

> par lur anels s'entresaisirent,
> lur fiaunces s'entreplevirent;
> Bien les tiendrent, mut s'entramerent,
> Puis en mururent e finerent.
> (*Equitan*, v. 181-4)

Selon certains critiques, *Equitan* fut écrit avant *Guigemar*; la répugnance du poète à employer le même motif pour deux couples si dissemblables se comprend; il faut aussi tenir compte de son attitude toujours indépendante envers les motifs employés: la qualité *unique* de chaque histoire est maintenue par l'emploi *unique* du motif. Le mauvais usage de l'anneau par les amants coupables d'*Equitan* avait aussi terni l'emblême nuptial. L'amie d'Equitan était mariée et elle portait sans doute l'anneau de son époux: elle n'avait pas le droit sans sacrilège envers le sacrement du mariage d'en porter un autre avant de se démettre du premier; c'est ce que fit la Dame, symboliquement, en partant sur la nef pour aller ailleurs recommencer sa vie. Dans notre conte, le motif devait représenter la fidélité des amants pendant leur séparation; l'emploi de l'anneau aurait été prématuré, et

---

been hung... On an early Roman bronze mirror, Jupiter is shown celebrating a sacred marriage between 'Hercele' and 'Juno'; moreover, at Roman weddings the knot in the bride's girdle consecrated to Juno was called the 'Herculean knot,' and the bridegroom had to untie it. (Festus: 63)" Il est probable que de nombreuses superstitions qui ont maintenant disparues, étaient encore très actives au moyen âge.

[195] J. Lods, *Les Lais*..., Intro., pp. xi-xiii.
[196] E. Hoepffner, *Les Lais*..., p. 88.

peut-être porte-malheur. Il faut se rappeler l'anneau maléfique que Turnus vola à Pallas: "Por fol le fet... Car por l'anel l'estut morir." (*Enéas*, v. 5770 et 5774). [197] D'autres anneaux chez Marie (*Le Fresne, Milun, Eliduc*), alourdiraient la discussion.

La qualité intime de la ceinture (portée sur la chair, v. 818-820) et de la chemise, a vraisemblablement dicté aussi le choix de ces signes, "Die Selbstverständlichkeit des Griffes eignet nur Gatten, die geworden sind ein Fleisch." [198] Leo Spitzer rapproche ce symbole double à la symétrie significative de nombreux vers du conte où la partie masculine et la féminine sont intimement unies, par exemple:

> Si li ad mal pur li amer,
> El ne s'en poet nïent loër (v. 425-6)
> Vus estes bels e ele est bele. (v. 453)

Il faut aussi se rappeler la biche aux cornes qui porte en elle cette valeur hermaphrodite, continuée par le deuxième symbole important, le bateau qui comme le lit de la Dame porte les deux amants, et enfin ce même et pourtant distinct symbole de la ceinture et du nœud. Ces deux motifs ne séparent pas les amants, mais les unit, puisque l'objet féminin est donné par l'amant à la dame, et inversement. Cette unité dans la variété des symboles renforce un des messages du poète selon lequel la nature préside à l'union des sexes, dont elle dépend.

Il existe dans la littérature courtoise un autre adieu mélancolique et déchirant qu'un échange de gages remémore. Le roi Marc a pardonné Iseut et veut la reprendre, mais son ami est rejeté; le "daungier" d'Iseut la force à reprendre sa position de reine et à se séparer de Tristan. Son ami lui offre son petit chien Husdent, en signe de "drüerie" et Iseut lui donne un anneau à son sceau. [199] Le petit brachet par son aboi rappellera Tristan à son amie. D'autre part, Iseut s'engage dans un serment terrible à obéir à l'envoyé de Tristan, "ou soit savoir ou soit folie" (v. 2718), qui présentera l'anneau. La solennité de l'échange ici et dans *Guigemar* est la même; elle convient à

---

[197] Sur l'antériorité d'*Equitan*: Cf. J. Rychner, Notes sur *Equitan*, pp. 246-7, citant J. Wathelet-Willem, "Equitan dans l'Œuvre de Marie de France," *Moyen Age*, 69, 1963, pp. 325-45.

[198] Leo Spitzer, "Marie de France, Dichterin...," p. 46.

[199] Béroul, *Romance de Tristan*, ed. A. Ewert (1939; rpt. Oxford, Blackwell, 1963), v. 2665-2732.

ce qui équivaut à un contrat juridique sur lequel il n'est pas à revenir: en effet, dans les deux cas, les amants engagés ne prononcent plus une parole à ce sujet. Pour les tristes amants aussi, ces "drüeries" sont "signe de reconnaissance, souvenir et gage d'amour." [200] A côté de ces ressemblances, la divergence des signes se manifestera dans les deux histoires selon leur plan particulier. Une différence est la grande disparité des dons dans *Tristan*: un chien, un anneau. Est-ce là un signe de l'impossible union?

Un baiser scelle l'échange et le drame éclate. Par une amplification efficace où les participes synonymes se succèdent comme des cris, comme si la raison ne présidait plus à l'expression de la pensée, la découverte des amants semble haletée par un témoin compatissant:

> Cel jur furent aperceü,
> Descovert, trové e veü. (v. 577-8)

Le chambellan du mari est le type même du "lauzengier" que craignent tant les amants courtois, celui qui jalouse, veille, rapporte et trahit. La scène tendue, entre la découverte et le départ de Guigemar, ne manque pas de touches ironiques: ce procédé empêche l'auditeur (le lecteur) de trop craindre une issue fatale. D'abord la reprise du verbe "depescier" (v. 574 et 589) qui s'applique à la légère ceinture de la Dame et à la porte brisée par les serviteurs du mari. D'un côté la faiblesse qui ne fléchira pas; de l'autre, le bois solide qui saute en éclats. Cette porte détruite implique une ironie dramatique secrète: elle sera le signe précurseur de la porte du château-prison qui s'ouvrira plus tard. D'autre part, le contraste entre le vieux mari qui se fait accompagner de trois "privés" pour voir quel diable d'homme a pu pénétrer dans son donjon, et de l'autre Guigemar, armé de sa seule force, qui saute sur pied: "Guigemar est en piez levez" (v. 593); il attrape la hampe — belle arme, fortement suggestive — qui soutient les draps ou les vêtements. Quelle belle statue antique! Et il attend. Cette description graphique saisissante de Guigemar dressé et prêt à la bataille revient plus tard (v. 837): "Guigemar s'est en piez levez," lorsque la Dame l'appelle au secours contre Meriaduc.

---

[200] Jean Frappier, "Vues sur les conceptions courtoises dans les littératures d'oc et d'oïl au XIIe siècle," *Cahiers de civilisation médiévale*, 1959, 2, pp. 135-156.

Il fait alors le même geste d'homme fort, protecteur de la femme aimée. C'est ainsi que d'échos en échos, la répétition des gestes et des paroles donne l'unité au conte, et lie ses différentes parties dont la diversité dramatique n'est pourtant pas sacrifiée. La vérité psychologique des personnages veut qu'ils agissent d'après leur caractère propre, qui est leur marque, mais quelque peu différemment chaque fois, selon le changement des circonstances et selon le changement intérieur que l'expérience passée a effectué en eux-mêmes. Cette splendide figure du héros, "li sire l'ad mut esgardé," (v. 601) et le mari qui parlait d'assassiner refuse maintenant le défi de l'homme seul contre quatre. Les questions posées sont autant une échappatoire qu'une manifestation de surprise: qui dispute ou discute n'agit pas. Ce désistement ne manque pas d'être plaisant. Prétendant ne pas croire à ses dires, le mari veut voir la nef; en fait il le renvoie, trop heureux sans doute de se débarrasser de ce rival, quitte à renfermer sa femme dans une plus étroite prison.

Navré d'avoir perdu sa Dame, le chevalier, seul dans sa barque salutaire, se détend et pleure. Il s'y abandonne encore, comme à son destin. Lui qui n'avait pas osé y entrer quand il n'osait pas aimer, s'y jette maintenant comme dans les bras consolants d'une amie ou d'une mère. C'est en effet vers elle qu'il retourne, mais non plus comme un enfant.

On pourrait s'étonner de ce que Guigemar, le héros fort, abandonnât sans combat son amie. D'abord, ce serait au mari outragé que reviendrait le droit d'engager le combat — le contraire serait un assassinat puisque Guigemar, contrairement à Yvain de Chrétien, sait qu'il a affaire au mari; et on a vu ce dernier reculer devant la prestance de Guigemar. De plus, le contrat qui unit le mari et la femme ne peut être dénoué par un tiers mais par les participants. La Dame, partant sur la nef, rompra ce lien. L'action de Guigemar ici s'apparentrait à couper le nœud gordien. Sur le plan symbolique, la ceinture qui entoure la Dame (= l'amour de Guigemar) la protège et l'isole, et Guigemar ne doit rien craindre pour elle. La répétition du vers 593: "Guigemar est en piez levez" au vers 837, où il va alors faire subir à Meriaduc, qui n'a aucun droit sur la Dame, le sort qu'il aurait sans doute voulu faire subir au mari, appuie sur le fait que ce sont les circonstances extérieures (= le mariage de la Dame) qui empêchèrent notre héros de se battre, et non pas les circonstances intérieures (= son courage, dont il saura donner la preuve).

14. La séparation (v. 621-742)

Les gages échangés mettent les amants dans un état de disponibilité émotionnelle, source de souffrances; ils sont donc, au même titre que la nef, les serviteurs de leur destin commun dont ils aident les desseins. Parce que la présence de la ceinture et du nœud rend à jamais *présente* la minute solennelle du don, ils abolissent le temps et empêchent l'oubli. L'union des amants dans la séparation est indiquée par les vers dépeignant la douleur de Guigemar:

> Li chevaliers suspire et plure;
> La dame regretout sovent. (v. 622-3)

Elle l'est encore par la ressemblance de leurs invocations quand ils se séparent: Guigemar prie Dieu qu'il lui donne la mort plutôt que la séparation éternelle d'avec son amie (v. 624-8); la Dame veut se noyer, trouver la mort là où Guigemar disparut (v. 669-673). A eux, qui préfèrent la mort à la séparation finale, le destin répond par l'envoi de la nef qui les conduit vers la réunion et la vie.

D'une autre façon, leur sort est semblable: Guigemar est à nouveau recherché par les femmes, et tous ses amis insistent pour qu'il se marie. Son amie, à peine arrivée dans la contrée proche de celle de Guigemar, est aussitôt courtisée par un ardent admirateur, Meriaduc, qui l'honore et veut l'épouser. C'est alors que leurs talismans respectifs assument une nouvelle fonction, signalée par Leo Spitzer, celle de séparer les faux des vrais amants: "Aber nun werden Knoten und Gürtel zu einem blossen novellistischen Mittel, um die richtigen Liebenden von den unberufenen zu scheiden." [201] Ce résultat est atteint parce que ces objets ont réuni en une unité — le couple — les deux individus qu'étaient Guigemar et la Dame. Dans cette fusion, le personnage original qui agissait en soi et pour soi, a perdu sa netteté de contour. Même lorsque chaque amant, par la force des événements, est loin de l'autre, ses impressions, ses émotions et les pensées d'où dérivent ses actes, sont conditionnées par le groupe de deux auquel il appartient. C'est pourquoi les défauts de solitaire de Guigemar, l'orgueil, la froideur, la timidité, sont guéris, exactement de la manière prédite par la biche. Et ce couple peut mieux se défendre contre les attaques extérieures (des autres hommes) que ne pourrait

---

[201] Leo Spitzer, p. 46.

le faire chaque individu qui le compose. La ceinture et le nœud symbolisent donc cette appartenance, cette liaison, et permettent une défense efficace contre ceux qui voudraient les délier, c'est-à-dire les faux amants. La seule vérité est leur couple.

Si l'on se reporte à la situation sociale respective des deux amis *avant* leur rencontre, on verra qu'un renversement complet s'est effectué dans ce domaine lorsqu'ils se retrouvent chez Meriaduc. L'adolescent Guigemar, aimé et comme protégé par l'amour de ses parents, qu'influençait l'opinion de "li estrange e si ami," quêtant un signe qui lui confirmerait un destin qu'il devine d'élection, fuyant enfin ses parents, ses amis, le monde, jusqu'au lieu le plus obscur, puis vivant caché sous la protection d'une Dame, — a grandi. A la requête de ses amis lui conseillant de se marier, il oppose maintenant une résistance formelle, et se moque des murmures s'il y en a: la médisance n'attaque que les faibles. Ce jeune seigneur heureux n'a pas à garder le secret comme doit le faire l'infortuné Lanval, au contraire, il publie la nouvelle de ses merveilleuses amours, et le nœud est là pour en attester la réalité. Ce mystère ne laisse pas de l'entourer d'un halo fort romantique. Tel le Prince Charmant de Cendrillon, il offre non une pantoufle à essayer mais un nœud à délier comme condition à sa main, le présomptueux. La différence des motifs (pantoufle et nœud) accuse une différence dans la qualité que doit posséder l'amie: non une qualité physique (un petit pied), mais une qualité morale (la main qui a su nouer la chemise est la main qui a touché le cœur de Guigemar: "Desur le piz li met sa main," v. 299). La différence accuse aussi le degré d'intimité: plier une chemise est plus intime que danser à la cour. L'expérience vécue de Guigemar l'a donc rendu conscient de sa force morale, comme il l'était de sa force physique, et l'a trouvé affermi dans sa position de prince héritier.

Au contraire, la Dame qui, toute prisonnière et malheureuse qu'elle était, n'en était pas moins la femme d'un puissant seigneur d'une cité et de "la cuntree tut entur" (v. 339-340), aborde en Petite-Bretagne, seule, sans protection, parée seulement de sa magique beauté et de son air de haut parage (v. 708-710). Ici, acceptant la leçon de Jean Frappier qui voit dans le geste de Meriaduc ("Il la saisist par le mantel", v. 705), symboliquement, la valeur juridique d'un "droit de saisine, de possession," [202] nous donnons aussi à ce manteau

---

[202] J. Frappier, "Une édition nouvelle des lais...," p. 606.

porté par la Dame la valeur sociale du manteau (*brat* en breton) qui fait partie des attributs royaux des dieux d'Irlande.[203] Ce manteau indique son rang élevé, et il est vraisemblablement en partie responsable de ce que Meriaduc "Bien seit qu'ele est de grant parage" (v. 710).

Et comme leur position respective est renversée, le rôle des amoureux vis-à-vis l'un de l'autre va changer. Le jeune chevalier, conscient de son rang et de son autorité, va se faire le protecteur de celle qui l'avait si bien secouru, hébergé, et aimé. Cette fluctuation des rôles et des responsabilités tient sa place dans la psychologie de l'amour selon Marie: le couple aimant agit d'abord pour la préservation de son unité et suivant la mutabilité des choses humaines.

15. *L'épreuve finale et la joie* (v. 691-fin)

L'heure de la troisième épreuve de Guigemar est arrivée. Il est sorti enseignes déployées de la seconde, maître du cœur de l'amie à qui il a donné le sien. Leur union spirituelle doit se réaliser de fait et publiquement. Sa superbe attitude le jour de son départ, et sa fidélité depuis et sa douleur, "mes tuz jurs ert maz e pensis" (v. 644), promettent le succès dans l'effort à prodiguer pour le bonheur permanent.

La structure de cette lutte est fournie par le combat d'Héraclès contre Acheloüs, serpent-taureau, pour gagner Déjanire.

Comme dans les deux autres parties du conte où la structure de chacune rappelle les grandes lignes d'un labeur d'Héraclès (le IIIe et le XIe respectivement), cette dernière a des similarités générales avec la légende du héros grec, accusées par des rapports de caractère entre les trois personnages du conte et ceux du mythe, et par des rapports d'intrigue. Cependant, cette ressemblance organique ne rend pas le poète esclave: elle reste fidèle, comme toujours, à son propos, changeant les détails qui nuiraient au bel ordre psychologique ou narratif qu'elle a institué. Sur ce fond antique et solide, elle a brodé son conte courtois, où se joue une lutte toute chevaleresque.

Les premières pages du Livre IX des *Métamorphoses* d'Ovide sont consacrées à Hercule, puis à Alcmène, sa mère: son combat avec Acheloüs, la jalousie de Déjanire et la tunique de Nessus, la mort et

---

[203] *Dictionnaire des Symboles, s.v. Manteau.*

l'apothéose d'Hercule. Il est notable que le héros y est appelé Alcide, comme dans *Flamenca* ("L'us comte d'Alcide sa forsa," v. 643). Le combat pour Déjanire, *pulcherrima virgo*, est raconté par Acheloüs lui-même, défait, mais fier d'avoir combattu un tel héros. Dans les *Trachiniennes* de Sophocle, c'est Déjanire qui prend la parole. Le passage d'Ovide (v. 1-48) précise la répulsion de la jeune fille pour Acheloüs, si semblable à celle de la Dame envers Meriaduc. Déjanire indique que le fils de Zeus et d'Alcmène arriva si tard qu'elle n'espérait plus sa délivrance; quant au combat même, elle n'y assista pas non plus. Les *Métamorphoses* d'Ovide ne décrivent ni le IIIe ni le XIe travail d'Hercule, tout en y faisant de brèves allusions; mais, étant donné la grande vogue de la légende herculéenne au moyen âge déjà notée, il est certain que Marie n'a eu que l'embarras du choix pour en trouver une ou plusieurs versions, latines ou en vieux français. Qui sait si un de ces poèmes romanesques du XIIe siècle, encore inédits, que mentionne E. du Méril,[204] n'offrirait pas la clé du mystère d'une source du mythe d'Héraclès visible dans notre conte?

Meriaduc, tel Acheloüs, est véritablement serpent (félon, déloyal), et taureau ("hom desreez"). Sa déloyauté fait ressortir la fidélité et la courtoisie des amants; sa démesure, l'équilibre de son rival, homme fort et maître de soi. D'ailleurs sa valeur de combattant augmente le "pris" de Guigemar. Meriaduc manque aux lois de l'hospitalité; il refuse sa protection gratuite à une Dame en détresse: son geste de vouloir "saisir" la naufragée l'indique; il dénie à l'amour le droit de choisir librement; enfin, il se place dans la catégorie des brutaux, ce qui fait mal présager de lui comme futur mari. De plus, son amour pour la Dame, qui est peut-être son excuse, confine à la démesure. Alors qu'en vérité les deux rivaux sont tombés amoureux de la Dame de la même manière soudaine et irrésistible, le châtelain veut user de la force, tandis que le jeune chevalier, devenu courtois, s'apprêtait à

---

[204] E. du Méril, Introduction, pp. cxxiii-cxxvii ss. Inédits mentionnés (du XIIe siècle):
Romans d'Athis et Profilias, B.I., no. 6987, fol. 120 v°; *Floris et Lyriope*, B.I., Fonds de Sorbonne, n.° 1422; *Hercule et Phileminis*, B.I., no. 7209, fol. 4 r°. Avis aux chercheurs.
La naissance de l'amour est dépeinte dans les deux premiers dans les termes les plus passionnément courtois; le dernier qui, lui aussi, comme notre conte, "se réclame d'une source écrite," offre la riche description du lit d'Hécube qui atteste le goût du jour.

mourir "si par la dame n'est gariz" (v. 397), laissant à cette dernière l'entière disposition de son bonheur et de sa vie. Par ce procédé de répétition d'une situation initiale — amour-coup de foudre — avec résultats contraires, Marie fait ressortir la noblesse d'une homme et la vilenie d'un autre. Meriaduc agit mal envers Guigemar, son "ami e cumpaniun" (v. 750), son hôte et son pair qui était venu le défendre, et que lui va attaquer. C'est le félon aux paroles mensongères comme celles de Ganelon: "Guigemar... beus amis" (v. 847); cette fausse amitié ne rappelle que trop vivement le "Ami..." de Raoul de Cambrai adressé au vassal qu'il hait et qu'il va bientôt frapper. Nous savons que les formules d'adresse: *Amis, Beus dous amis, Beus amis,* etc., qui se rencontrent souvent dans les textes du moyen âge, ne sont souvent plus que de simples formules de politesse, comme de nos jours les *Cher ami, Mon cher, Mon très cher,* etc. Cependant une teinte d'amitié ou au moins d'entente colore toujours ces mots et l'abus du terme qui passe les lèvres de Meriaduc permet d'apprécier le cynisme du personnage. L'usage de vagues formules dans des scènes choisies par un poète fait sentir l'ironie de la situation; ici nous avons une expression non seulement vidée de son sens originel de tendresse et d'amitié, mais encore de son sens restreint, non moins beau, de chevaleresque civilité. Comme sa formule, Meriaduc est tout vide de courtoisie.

Le poète a-t-elle voulu nous faire percevoir un rapport entre la valeur morale de l'individu et sa conduite amoureuse, et si oui, lequel? Apparemment, il n'est pas vrai que l'amour ennoblit l'homme: bien plutôt c'est l'homme noble de caractère qui aime courtoisement; d'une source mauvaise, ne jaillit rien que de mauvais. D'où l'importance de l'épisode purificateur de la blessure *avant* la rencontre de la Dame. Voici deux êtres amoureux, un agit courtoisement, l'autre non. Tous deux étaient de fiers barons, se prisant l'un l'autre: Guigemar venait aider son voisin avec cent compagnons; Meriaduc le désirait comme beau-frère. Dans la scène tendue avant le festin de Meriaduc, les deux rivaux s'affrontent, non pas l'épée à la main, mais par des paroles et des gestes qui vont révéler leur véritable "moi" intérieur. Toute l'attitude de Guigemar sur son quant-à-soi prouve que si la Dame n'avait pas voulu le reconnaître, "Unques a l'autre mot ne dist" (v. 786), il se serait effacé; celle de Meriaduc montre qu'il aurait voulu la forcer. Nous sommes mis en garde contre les apparences d'urbanité et de courtoisie que le monde impose: lorsque la passion engage l'individu, sa vérité intérieure, dans toute sa nudité, se fait jour. L'amour, qui est l'émotion où l'individu s'engage totalement, où le désir et la crainte sont à leur paroxysme, est la véritable pierre de touche du caractère. L'homme qui sait courber son désir, sa convoitise, sa jalousie, grâce à sa force de caractère et à sa raison, est un homme de grande valeur morale.

Ce que l'amour met au jour, l'objet féerique l'extériorise de même. La blessure de la Fée (= pouvoir de la Femme) infligée à Guigemar, éprouvait sa trempe: incapable d'être aimé et d'aimer, il mourait. Sa courtoisie le fit aimer la Dame: donc le *bien* qui était en Guigemar en fut extériorisé. Au contraire, Meriaduc, au contact de la Dame (qui joue pour lui le rôle de la Fée: Ki de beuté resemble fée," v. 704) laisse apercevoir ce qui est *mal* en lui. Cela illustre clairement la valeur au niveau moral et au niveau affectif du mot "courtoisie" sur laquelle nous reviendrons.

A ce point, l'inévitabilité d'un dénouement heureux pour les amants est si sensible au lecteur attentif — il est pressenti dans la rage impuissante du rival malheureux qui crève à fleur de narration — qu'il faut à Marie une ultime péripétie pour soutenir l'intérêt. Le héros, conscient de sa destinée et en acceptant les bonheurs et les peines, a évité la tragédie qui réside surtout dans l'ignorance du héros tragique; le drame et le pathos employés en doses savantes la remplacent. A ce point, une révélation qui ferait tout redouter dans la tragédie, est au contraire attendue avec une anticipation confiante.

Le drame se joue en public entre quatre personnages: Guigemar et sa Dame, Meriaduc et sa sœur. La tension créée par les courants de volonté antagonistes des deux couples est à son plus haut degré. Guigemar, conscient de son droit, de sa force et de son bonheur, fait front à un rival qu'il ne peut mésestimer. Meriaduc est intelligent: il a tout de suite compris le lien symbolique et réel qui attache Guigemar et la Dame, il est rusé, il se sent fort parce que la Dame est chez lui, à sa merci, et parce que sa passion est démesurée: son amour se répète comme un leit-motiv: v. 711, 720, 760 et 834. Mais justement parce que cet amour est démesuré, il lui sera nuisible. Guigemar, l'homme qui a pris son parti d'une vie de solitude plutôt que d'aimer une autre que son Amie, agit avec un sang-froid extraordinaire qui est la marque des forts. Le tumulte de son cœur se traduit cependant par un flot d'épithètes et de questions dans une amplification pathétique quand il reconnaît celle qu'il aime:

> Est ceo, fet il, ma duce amie,
> M'esperaunce, mun quor, ma vie,
> Ma bele dame ki m'ama?
> Dunt vient ele? Ki l'amena? (v. 773-6)

Sa raison le met en garde contre les illusions des sens, il courbe son impatience et laisse la jeune pucelle s'essayer à dénouer la chemise; enfin, c'est calmement, "a li parlat en teu mesure" (v. 815), qu'il demande la permission de toucher la ceinture. Au contraire, Meriaduc avait profité lâchement de l'évanouissement de la Dame pour trancher les liens de son bliau et tenter fiévreusement d'ouvrir la boucle. Mais en vain, car il ne faut pas oublier la qualité surnaturelle du gage qui ne peut s'ouvrir qu'à bon escient. La résistance de la ceinture à l'application de la force représente clairement la résistance de la Dame au brutal. Aux vers 739-40: "La ceinture voleit ovrir, / Mes n'en poeit a chief venir," l'emploi de l'imparfait de *vouloir* et de *pouvoir* est disputé par Jean Rychner,[205] alors que peut-être cet emploi ajoute au drame. Ce critique objecte à ce temps le procès que ces verbes expriment, et il voudrait les traduire par le passé défini. Lucien Foulet indique que l'imparfait était généralement employé au moyen âge comme il l'est de nos jours.[206] Dans ce cas, traduisant ces verbes (voleit-poeit) par l'imparfait, nous obtenons: "Il voulait ouvrir la ceinture, mais ne pouvait en venir à bout." Dans le passage en question, où l'avide Meriaduc tranche les lacets du bliau comme s'il était Alexandre le Conquérant devant le nœud gordien, ces deux vers deviennent un aparté prononcé par le poète (nous en avons rencontré plusieurs que nous avons soulignés) et ont distinctement une nuance de moquerie amusée. En tenant compte du sens de continuité exprimé par ces imparfaits, nous pourrions paraphraser ainsi l'aparté du poète: "Il y a longtemps qu'il voulait ouvrir cette ceinture! Il s'y essayait comme ceci, comme cela, et encore, mais ne pouvait en venir à bout!" Cette interprétation sert à amplifier l'immodération si caractéristique dont Meriaduc est affligé.

La double scène de reconnaissance ne résoud pas tous les problèmes: la Dame est toujours en danger. Meriaduc est fort capable de

---

[205] J. Rychner, Note sur v. 739-740, p. 245.
[206] L. Foulet, §320-326. Cf. aussi M. Sandmann, op. cit., qui voit, dans la confusion des temps en poésie médiévale, une fonction esthétique et dramatique.

la retenir prisonnière et de vouloir remplacer le tyrannique mari auquel elle a à grand peine échappé. La perception de cette nouvelle menace s'extériorise par un cri angoissé de la jeune femme suivi de l'action rapide de Guigemar: "Amis, menez en vostre drue! / Guigemar s'est en piez levez." Cet appel et son immédiate réponse font étincelle: ils sont la conclusion percutante du récit fait par l'amie des événements depuis leur séparation, récit tout dirigé à émouvoir et à mouvoir Guigemar. Il y a fort bien réussi! Il faut citer le texte du récit pour en faire saisir toute la beauté et l'efficacité (v. 825-836):

> Ele li cunte la dolur,
> Les peines granz e la tristur
> De la prison u ele fu,
> E coment li est advenu,   828
> Coment ele s'en eschapa.
> Neier se volt, la neif trova,
> Dedeinz entrat, a cel port vint,
> E li chevaliers la retint.   832
> Gardee l'ad a grant honur,
> Mes tuz jurs la requist d'amur.
> Ore est sa joie revenue.
> "Amis, menez en vostre drue!"   836

Il est clair qu'au moment du récit la Dame est fortement ébranlée, ce qu'un rappel des récents événements va expliquer. Consciente du danger qu'elle court dans le château d'un baron enragé d'amour et de jalousie, la Dame peut se demander si l'attitude volontairement calme de Guigemar ne cache pas une froideur intérieure réelle. Elle devine l'attrait romanesque qu'il y a à être le héros d'un amour impossible et lointain, l'éternellement romanesque 'amor de lonh.' La patience de l'ami, sa réserve, ses hésitations, son mutisme, bref, son manque alarmant de réaction, sont nuisibles à leur bonheur. Elle a sans doute frémi quand Guigemar a laissé la pucelle s'essayer à défaire le nœud. Sa détresse est évidente: "Mut est sis quors en grant destreit" (v. 802), mais c'est Meriaduc, paradoxalement, qu'elle touche de son émoi: "Bien s'aparceit Merïadus: / Dolenz en fu, il ne pot plus!" (v. 805-6). Par un effet indirect, la réaction du rival jaloux conduit au déplissage du nœud et à l'ouverture de la boucle. Il n'est pas dit explicitement que la boucle de la ceinture fut "ouverte," mais seulement touchée et "trouvée": l'effet est le même. Comme lorsque la Dame attendait l'ordre de Meriaduc avant de défaire le nœud de la chemise de Guigemar, tout en le désirant passionnément, nous voyons dans l'action délicatement euphémique de l'ouverture de la ceinture, le désir du poète de sauvegarder la pudeur et la féminité de sa courtoise héroïne. D'autre part, le seul attouchement de la ceinture révèle l'identité de la Dame, mais son cercle magique et protecteur est encore bien nécessité par les circonstances. La dernière chance de la jeune femme (et son enjeu est triple: se débarrasser de ce forcené de Meriaduc, s'assurer de Guigemar, et regagner une position sociale honorable) va consister dans l'emploi de l' "indirection," ressource des faibles et dont elle vient d'éprouver l'efficacité, pour agir sur Guigemar. Son récit va faire appel non à la raison mais aux émotions de son ami, et il va réussir admirablement à le faire sortir de son apparente léthargie. D'être en discours indirect libre jusqu'au dernier vers, direct et pathétique, ajoute de la présence et du poignant à la formulation de son appel. Par une différence de rythme, la Dame sépare dans son discours ce qui est passé (depuis le départ de Guigemar en nef jusqu'à son arrivée à elle sur les terres de Meriaduc, v. 825-831) de ce qui est présent (depuis le trop chaleureux accueil du rival jusqu'à la minute présente, v. 832-836). D'abord le vers, monotonement coupé en deux, martelle les incidents du passé; puis il se brise, irrégulier, haletant, chaque mot se détachant, chargé de sa réalité pressante et menaçante. Elle conte d'abord en s'y attardant, "la dolur, les peines granz e la tristur" (v. 825-6) qu'elle souffre en la nouvelle prison où son tyran de mari l'a jetée; elle remonte un peu dans le passé commun (v. 828) qui en fut cause, puis elle passe vivement sur le départ, le voyage, et l'arrivée, qui prouvent sa détermination et son amour. Guigemar, mû de pitié, puis d'admiration, va être maintenant remué de jalousie. Trois vers décrivent presque complaisamment le chevalier amoureux et respectueux, passionné et puissant, ce Meriaduc qui l'aime et qui l'honore, ce qui en fait un rival non seulement pour l'amour mais pour la main de sa Dame. Et quand le jeune amoureux est finalement secoué par les deux mots formidables qui vibrent en fin de rime, *honur* et *amur*, et qui ne s'appliquent pas à lui, la Dame l'installe dans son récit, où il incarne sa "joie" d'amour revenue. Alors, superbe péroraison de ce discours éloquent, elle lance un dernier vers qui est à la fois un appel au secours, une déclaration d'amour passionné, une évocation des plaisirs partagés et de leurs serments, et une excitation irrésistible à l'action:

"Amis, menez en vostre drue!" (v. 836)

La réaction du héros est immédiate: son amour, sa force et sa protection veulent secourir l'Amie, pour la sortir, une deuxième fois, de prison. Il est notable (similarité verbale des vers 593 et 837) que son geste est calqué sur son geste le jour de la découverte: le temps entre ces deux moments critiques s'en trouve aboli. Désormais, le nœud et la boucle, présence dans l'absence, remémoration du temps passé pour obvier aux "intermittences du cœur," sont inutiles. Ils sont en effet dépliés et ouverts. Il faut se rappeler que c'est la Dame qui eut la première l'idée des gages, et il faut regarder à nouveau, dans cette lumière, les cornes de la Biche. Plus que jamais elles symbolisent la puissance de la Femme et de l'Amour. Il est aussi intéressant de se souvenir que ces cornes, anomalie très curieuse pourtant, ont bien frappé le regard du chasseur, mais qu'elles ne sont mentionnées plus tard ni à la Dame ni au mari — la blessure et la prédiction faites par la biche blanche restant les faits saillants de la rencontre. Nos remarques, qui ne tendent pas à blâmer la Dame d'une ruse intéressée, veulent faire ressortir encore le "dangier" où elle se trouve et dont elle est consciente. Guigemar raisonne; la Dame agit par intuition. Cela est encore un exemple de la complémentarité du couple, thème cher à Marie, que l'on retrouve symbolisé dans le conte du *Chevrefoil* par le motif du coudrier et du chèvrefeuille.[207]

Dans ce tense drame à trois, la douce et belle sœur de Meriaduc (v. 714) repose le regard. Tendre et obéissante, elle pèse peu dans la balance des pouvoirs qui s'opposent et s'affrontent. Elle ne déteste certainement pas Guigemar; elle est sans doute touchée par l'amour merveilleux, de notoriété publique, qui va jouer le tout pour le tout chez son frère. Elle aime peut-être Meriaduc; elle le redoute sûrement, et elle n'est pas une rivale à craindre, si elle l'est même. Comme les autres jeunes filles du conte, son rôle est effacé et passager, mais charmant. La Dame, toute dépendante et agitée qu'elle soit, tient la première place. Dans l'effacement de la jeune fille, il y a trace de la variété qui est dans la vie même.

Meriaduc, qui incarne le personnage mythique serpent-taureau (Acheloüs que tua Héraclès), porte en lui les attributs volontiers ré-

---

[207] Leo Spitzer, fait aussi ce rapprochement, p. 46.

clamés par la femme (ruse) et par l'homme (force): cette double attribution l'empêche de pouvoir trouver son complément. Il est donc condamné par sa nature même à la solitude, et dans notre conte, à une fin tragique. Il est en fait le seul héros tragique de *Guigemar,* et sa mort est à la fois fatale et logique. Tout ce qu'il fait pour être heureux le conduit au malheur et à sa perte. Au contraire, le Chevalier et sa Dame, dont le destin sourit à la réunion effective, voguent, en dépit des tempêtes, vers la "grant joie" et la vie.

Le cycle des épreuves va se terminer par la bataille épique de Guigemar contre Meriaduc, dont le succès attendu lui fera conquérir publiquement sa "Drue." Le bonheur des amants est bien un véritable renouveau selon le sens de la joie chantée par Bernard de Ventadour,

> Cen vetz muer lo iorn de dolor
> E reviu de ioy autras cen,

et un recommencement.

III

LE "SEN"

Après l'explication détaillée du texte et du symbole de cette composition complexe, dont il ressort que les influences du conte (bibliques, mythologiques, et celtiques entre autres) s'étagent et s'entrecroisent sans se heurter, il reste à faire la synthèse des éléments formels, y compris les motifs-symboles (la "matière"), et des éléments structuraux dans leur ordre dynamique (la "conjointure"), pour découvrir les thèmes qui donnent leur signification (le "sen") à ce poème.[208]

---

[208] Pour le poète médiéval, la création poétique procède sur le modèle de la création intellectuelle (= connaissance). Les éléments formels, "la matière," représentent la réalité sensorielle qui nous entoure. L'imagination reçoit les impressions du monde extérieur et tient le rôle de l'inspiration; à son tour, la raison contrôle et organise les données imaginées, puis donne ordre et clarté à la forme de nos idées (structure, composition = conjointure).
La raison discursive retient les idées qui engendrent la sagesse, "le sen."
    a. *"Conjointure"*: Cf. *Erec et Enide*, v. 13-14:
        Doit chascuns / Tret d'un conte d'aventure
        Une molt bele conjointure.
J. Frappier, *Chrétien de Troyes*, p. 87: "conjointure": ordonnance de son œuvre.
    M. Roques, ed. *Erec et Enide*, p. xvi: "progrès des attitudes morales, personnelles et réciproques, des deux héros."
    R. Bezzola, Note 20, p. 254: "jonction, comparaison de circonstances singulières = composition.
    b. *"Sen"* = "sapience," sagesse.
Le Roman de Thèbes:
    Cf. Prologue, v. 1-2; 9-10.
Le Roman de Troie de Benoît de Sainte-Maure:
    Cf. Prooemium, v. 1-3; 17-20.
    Marie de France, Prologue des *Lais*, v. 15-16: "Pur ceus ki a venir esteient / E ki aprendre les deveient, / K'i peüssent gloser la lettre / E de lur sen le surplus mettre."

Comme plusieurs de ses contemporains, Marie a exprimé dans son *Prologue* des *Lais* les *dicta* de sa conscience poétique, véritable déclaration du devoir du poète:

> Ki Deus ad duné escïence
> Et de parler bone eloquence
> Ne s'en *deit* taisir ne celer
> Ainz se *deit* voluntiers mustrer. (v. 1-4)

> Pur ceus ki a venir esteient
> E ki aprendre les *deveient*,
> K'i peüssent gloser la lettre... (v. 13-5)

> Ki de vice se voelt defendre
> Estudïer *deit* e entendre
> A grevose ovre comencïer... (v. 23-5)

(Nous soulignons). Cette profession de foi est autre chose qu'un "popular cliché," [209] puisqu'elle s'en appropie le sens et l'expression. Ce ne sont pas les écrivains de fin de traditions littéraires qui s'expriment de cette manière, mais ceux des époques jeunes et renaissantes, pour qui une pareille déclaration a une valeur de manifeste. Au XIIe siècle, des poètes peinaient à pétrir l'argile de leur langue, et pouvaient affirmer leur idéal avec ferveur et fraîcheur; Gautier l'a dit:

> Oui, l'œuvre sort plus belle
> D'une forme au travail
>   Rebelle,
> Vers, marbre, onyx, émail.

La déclaration de Marie, hors-texte, engage le créateur (qui doit "parler") et le lecteur "à venir" du poème (qui doit "gloser"). Ce sont des commentaires autour du poème; l'objet des prologues est de laisser au poème détaché de son créateur toute son autonomie, et de ne pas l'alourdir de commentaires, ni par le poète, ni par l'exégète.

Le conte de *Guigemar* n'est pas un sermon prêché par Marie. Elle a conscience du sérieux de la tâche poétique, mais elle ne pratique pas l'art de prosélytisme. Denis Piramus, ce contemporain de Marie

---

[209] M. V. Allen, *The literary craftsmanship of Marie de France*, Doct. dissertn. U. of Va., 1954, p. 142.

qui lui reprochait son manque de "vérité" dans un vers bien connu: [les vers des *lais*] "ke ne sunt pas de tut verais," v. 35,[210] en voulait surtout à ses préoccupations mondaines supposées; il ne voyait qu'un sens profane à cette œuvre. Cela ressort d'un passage cité *in extenso* par Julian Harris, tiré de *La Vie Seint Edmunt* (v. 22-62). Denis s'en prend aux "cuntes, chanceuns e fables / E bon diz qui sunt delitables" (v. 48-9), qui font oublier — nous dirions, les misères de la condition humaine, pour employer une terminologie pascalienne. Lui justement se targue d'autre intention:

> Jeo vus dirrai, par dreite fei,
> Un deduit qui mielz val asez
> Ke ces altres ke tant amez;
> E plus delitables a oir
> Si purrez les almes garir
> E les cors garantir de hunte. (v. 57-62)

Que Marie veuille instruire en amusant, selon la formule classique, nous semble plus proche de sa vérité.

Encore un mot sur ses intentions déclarées. Quand Marie invite ses lecteurs futurs à "gloser" son texte, veut-elle simplement qu'ils recherchent les significations symboliques cachées pour éclairer le sens de l'histoire contée, ou qu'ils étendent ce sens à une vérité plus générale? Nous croyons qu'elle désire les deux; du sens particulier de son poème s'étend le sens universel. Pratiquant le symbole comme elle l'a fait, et le symbole était pour elle dans son ultime expression, le poème — elle savait, pour avoir vu l'emploi des mêmes motifs à travers les âges et les cultures dans des accessions proches mais différentes, que la création littéraire, pour vivre, doit toujours représenter une vérité intérieure. Cette vérité est durable parce qu'elle est protéenne.

En tête de *Guigemar*, Marie nous a signifié combien la "conjointure" est difficile à faire:

> Ki de bone mateire traite,
> Mult li peise si bien n'est faite. (v. 1-2)

Marie n'a voulu sacrifier ni la solidité ni la complexité de son court poème. Elle s'est tenue à une composition tripartite, trois aven-

---

[210] J. Harris, pp. 5-6, Note 12.

tures unies entre elles. En ne mettant que le héros au premier plan dans la première partie, à qui s'est ajoutée son amie dans la seconde, et le rival à eux deux dans la troisième, sans compter les comparses, elle a accru l'intérêt et les rapports sans nuire à l'unité. Ajoutant à cette matière architecturale les symboles, qu'elle a désirés plurivalents et réfrangibles, elle a évité le danger de lourdeur ou de confusion par l'emploi de motifs portant à eux seuls tout le poids de significations multiples. Citons par exemple la blessure à la cuisse qui est à la fois le motif du Psaume pénitentiel de David 38; une blessure particulière d'Hercule, et enfin celle bien connue du Roi Méhaigné des légendes arthuriennes. Cette multiplicité sémantique inhérente à la plupart des motifs joue autour des "vivants piliers" du poème, y fait circuler l'air poétique. Ces sources différentes tendent naturellement à l'interprétation sur différents niveaux, selon le plan du poète, et non selon quelque règle préconçue avant le poète, ou érigée après elle.

Pour aider les chercheurs de sources littéraires, les savants folkloristes ont étudié les schémas d'histoires typiques. Celle dite du "héros de tradition,"[211] basée sur un grand nombre de mythographies ou même de hagiographies — Œdipe, Thésée, Héraclès, Romulus, Apollon, Zeus, Joseph, Moïse, Siegfried et Arthur entre autres — comporte toujours les mêmes éléments, ou "fonctions" (mot de Vladimir Propp) de base.[212] Ces éléments ont été différemment comptés: Von Han, 1864, 16; V. Propp, 1928, 31; Lord Raglan, 1934, 22; Jan de Vries, 1959, 10; Joseph Campbell simplifie le schéma en "séparation, initiation, retour." Là où *Guigemar* diffère de cette histoire héroïque typique est par le côté "œdipal," non pas complètement absent ("A merveille l'amot sa mere," v. 39), mais atténué, et ne s'étirant pas en tragédie. De toutes façons, il ne s'agit pas d'une biographie complète d'un héros — de l'enfance à la mort — mais d'une seule aventure en trois parties structurée sur trois hauts faits d'Héraclès. On se trouve donc en présence d'une aventure héroïque tronquée. Certains indices prouvent que Marie connaissait d'autres aventures d'Héraclès dont elle n'a pris que des motifs (la blessure à la cuisse par exemple, qui n'appartient ni au IIIe ni au XIe labeur ni au mariage du héros). Il nous

---

[211] Lord Raglan, "The Hero of Tradition," in *Study of Folklore*, éd. Alan Dundes; Introduction par A. Dundes; op. cit., pp. 142-157.

[212] Vladimir Propp, *Morphologie du Conte*, traduit du russe par Derrida (Paris: Editions du Seuil, 1970).

semble donc que là réside le secret de la composition de *Guigemar*: pour des raisons à elle, Marie a réduit à de plus modestes proportions les aventures de ce héros — au lieu d'une vie, elle ne veut conter que la rencontre avec la femme aimée et sa conquête. Ce faisant, elle a dû bâtir à neuf, sur un modèle structural général, une structure réduite également équilibrée. On arrive ainsi au schéma simplifié de Joseph Campbell.[213] Nous n'allons pas jusqu'à dire que Marie a créé de toutes pièces la structure de son conte; dans une œuvre contemporaine, *Erec et Enide* de Chrétien de Troyes, la même qualité du triptyque s'y dessine. Il se pourrait que par la lettre ou la parole, ces deux poètes aient échangé leurs idées. Reto Bezzola[214] a divisé ainsi le canevas du roman:

1. le *primerain vers*
2. *a.* l'aventure subie: la lutte pour le "moi";
   b. l'aventure acceptée: la lutte pour le "toi";
   c. l'aventure cherchée: la lutte pour la communauté.

Les concordances sont frappantes. D'autre part, Jean Frappier,[215] indique que la comparaison *d'Erec et Enide* et de sa source, le roman celtique *Gereint et Enid,* épisode par épisode prouve une hypothèse soutenue par plusieurs critiques selon laquelle ces deux romans dérivent d'une source commune. Cela indique peut-être que le schéma: lutte pour le moi — pour le toi — pour la communauté, était connu et discuté par tous ces poètes. Il a pour lui d'être parfaitement logique: le héros ne peut entreprendre une aventure avant de s'être prouvé à lui-même sa valeur intérieure; une fois la Dame conquise, la continuité et la publicité de leur amour seront assurées par la communauté. Il est donc permis d'envisager que c'est de ce côté qu'il faut chercher la structure qui a servi de modèle au conte de Marie.

Mais il est aussi évident que Marie a voulu souligner cette structure par un rappel analogique des labeurs d'Héraclès dont les exploits sont légion. Nous croyons même qu'elle a choisi les seuls motifs féeriques du folklore celtique, de "la matière de Bretagne," dont elle savait pouvoir trouver les motifs correspondants dans la légende

---

[213] A. Dundes, Intro. 'The Hero of Tradition,' p. 143.
[214] R. Bezzola, pp. 135-226.
[215] J. Frappier, *Chrétien de Troyes*, p. 95. "*Erec* et *Gereint* dérivent l'un et l'autre d'une source commune, qui, selon toute probabilité, n'est autre que le "conte d'aventure" dont parle Chrétien.

d'Hercule. Il est certain qu'elle connaissait cette légende, et vraisemblablement dans tous ses détails: deux sources de Marie, Ovide et Virgile, purent fournir, comme nous l'avons remarqué, des emprunts conscients à ce mythe. La structure toute faite d'une vie tronquée d'Hercule est possible, mais hypothétique.

Quand Marie forma le propos d'écrire l'histoire (l'aventure) de Guigemar, dont la marque essentielle est la *force,* elle employa les motifs héracléens pour signifier cette force. L'intrigue étant limitée à l'aventure amoureuse d'un héros, sur laquelle s'appliquait le thème dynastique, elle se servit à la fois des motifs folkloriques tirés des contes celtiques du genre "mortel aimé d'une fée" qui lui étaient familiers et que son public attendait et aimait, et des motifs dits "dynastiques." Ce faisant, Marie a changé le héros breton qui se laisse mener par sa destinée, et dont Lanval est le type pur, en héros averti qui connaît et accepte sa destinée, et travaille à en actualiser les promesses. Nous pensons que c'est un tel héros, celui du "vert chemin" que Marie a voulu créer. Cette intention de changer un héros breton en héros herculéen est unique chez Marie. A notre avis, la facture de *Guigemar* illustre le mécanisme de la mutation d'un conte folklorique en poème. Cette mutation a été d'autant plus facilement produite que les légendes et les contes ont des ressemblances dans leurs motifs et dans leur ordre structural. Ce fait indique pour nous une source d'inspiration commune et unique. Il ne s'agit plus tard, par les poètes, que de marier les cousins entre eux. Cette source unique provient de ce qu'une même cause, la psychologie, a engendré les mythes, dans leurs premières manifestations et dans leur descendance, et que les générations qui suivent retournent à la même fontaine de jouvence pour les régénérer. La théorie du "réservoir unique" de l'Inde de l'éminent folkloriste Emmanuel Cosquin,[216] a pour elle de fixer dans l'espace le point d'émergence des mythes originels, mais est ouverte à la critique.

L'emploi de la source classique par Marie nous amène à cette hypothèse sur la signification de ces vers qui a été fort discutée:

---

[216] Emmanuel Cosquin, *Etudes folkloriques: recherches sur les migrations des contes populaires* (Paris: H. Champion, 1922, pp. 13 et 18. "La diffusion des contes s'est faite à la façon d'une inondation régulière, partant d'un immense réservoir unique, et poussant toujours devant elle dans toutes les directions."

> Pur ceo començai a penser
> D'aukune bone estoire faire
> E de latin en romaunz traire;
> Mais ne me fust guaires de pris:
> Itant s'en sunt altre entremis!
>
> (v. 28-32, *Prologue* des *Lais*)

La "bone estoire" que Marie voulait traduire du latin en roman serait-elle l'histoire d'Héraclès? S'y serait-elle d'abord attachée, puis l'ayant abandonnée, aurait-elle été fidèle à ce mythe qui lui plaisait tant qu'elle en a étayé la structure morale du héros de son "premier" conte?

Cette histoire que nous osons appeler "tronquée" par rapport à une vie complète de héros de tradition, forme un tout bien complet et bien ordonné. Si l'on juge par l'enrichissement psychologique et moral du héros qui, de jeune adolescent devient adulte, sûr de lui-même, sûr de ses sentiments et de sa destinée, on peut donner ce sous-titre à ce conte: *Guigemar, ou l'éducation courtoise d'un jeune prince du XIIe siècle, par l'amour*. L'éducation du héros lui est donnée, comme il convient pour qu'elle soit efficace, à l'âge de la puberté: par la force d'abord (la blessure de la flèche), par la douceur ensuite (la blessure de l'amour). L'enfant doit devenir adolescent, l'adolescent homme. Et comme la personne physique se transforme au passage de ce cap difficile de la puberté, la personne psychologique traverse une crise plus ou moins dangereuse, et des transformations plus ou moins conscientes. Cette crise a été résolue chez Guigemar par des symboles qui finissent par se dénouer, et disparaître quand la métamorphose est révolue. Toute expérience portant son enseignement, cette crise qui évolue en connaissance, se nomme éducation. Le mot *éducation* est employé dans son sens large, comme l'histoire du jeune Télémaque dans l'Odyssée est une éducation, comme Flaubert appelle "Education sentimentale" les grises aventures de son "anti-héros."

Par "courtoise," qui est le genre d'éducation que le chevalier Guigemar va gagner, nous entendons à la fois "sentimentale" et "sociale" d'abord, selon l'étymologie même du mot donnée par Jean Frappier:

> L'étymologie de *courtois* et *courtoisie* éclaire la formation et le sens de l'idéal nouveau. Ces termes dérivent en effet de *cour*, mot qui s'écrivait et se prononçait en ancien français

avec un *t* final (latin populaire *cortis, curtis,* latin classique *cohors, -ortis*). De toute évidence la courtoisie se trouve donc en rapport avec une vie de cour. "Civilité relevée d'élégance ou de générosité," selon la définition de Littré, elle implique un raffinement des mœurs, luxe, loisirs, politesse, belles manières, respect des bienséances, soins empressés auprès des dames qui dans les cours donnent le ton des relations sociales. Mais la courtoisie du moyen âge est beaucoup plus qu'un code de politisse et de galanterie. Elle englobe aussi un art d'aimer. Elle s'approfondit et se développe en une psychologie et une morale de l'amour...

Cortezia et *cortes* en provençal, *corteisie* et *corteis* ne désignent par eux-mêmes rien de plus que "conduite ou qualité digne d'un homme de cour," "idéal du chevalier élevé dans une cour." [217]

A cause de l'insistance de Marie sur une faute de Nature à corriger, l'éducation de Guigemar doit se faire sur le plan moral d'abord. Nous avons vu par les exemples vivants des deux chevaliers que l'homme courtois socialement parlant n'en devenait pas d'une manière nécessaire un amant courtois. C'est la courtoisie "intérieure" qui se révèle chez le "fin" amant. La valeur symbolique de la rencontre de la Biche et de la Blessure met l'accent sur l'antériorité obligatoire de la courtoisie de l'âme.

La qualité de prince héritier de Guigemar rend plus essentielle une éducation complète, dans tous les sens que le beau mot de "courtoisie" sous-entend. C'est peut-être parce que l'on sent Marie si sérieuse dans son propos d'éducatrice par la poésie que l'histoire contée, tout enrobée qu'elle soit du voile de la légende, n'en semble pas moins celle d'un chevalier contemporain du poète, noble et chrétien. Loin d'être un héros stéréotypé de la "matière de Bretagne," Guigemar est un être fortement individualisé. Les caractères essentiels de sa nature ne changent pas, bien que l'expérience polisse et modifie ses attitudes sociales. Guigemar est un être fort, volontaire et optimiste. Il est sérieux et réfléchi et il suit son but sans déroger à la ligne tracée. Il ne se prête pas aux jeux subtils et complexes de la

---

[217] Jean Frappier, *Vues sur les conceptions courtoises...*, pp. 135 et 137: "C'est au XIIe siècle que naît et s'épanouit en France l'idéal courtois. Il représente, indissolublement lié, un fait social et un fait littéraire."

pensée: il pense comme il marche, et comme il sent, tout droit. C'est pourquoi il est fidèle et innocent de toute mauvaise intention. Sa tendance naturelle le portait aux jeux violents et masculins, mais l'expérience va lui apprendre à courber ses tendances agressives. Son orgueil de jeune seigneur s'adoucira tout en restant un principe de conduite et de force. Du fait de la singularité de ses traits, l'aventure dont il est le principe agissant lui sera toute personnelle. Pour illustrer par un exemple tiré du recueil de Marie, nous dirions, sans porter un jugement moral, que Lanval n'aurait pu souffrir cette aventure de la même façon que Guigemar. La raison en est que l'ossature physique et morale, particulière à chacun de ces héros, diffère. Cependant les données extérieures, initiales, de leurs destinées étaient les mêmes. D'où l'importance de ce qui est "intérieur," que le symbole révèle.

L'éducation morale infligée par la Biche portera ses fruits dans le domaine affectif. L'âme est la source du bien et du bon. Est-elle tarie, c'est le danger de la "terre gaste" qui menace; est-elle vive, l'homme est capable d'aimer et d'être aimé, c'est-à-dire de connaître le bonheur et de le faire naître. La naissance de l'amour chez deux êtres prédestinés l'un à l'autre a une valeur presque mystique dans ce conte; elle est comme une récompense dispensée par les puissances surnaturelles. La formation du couple signifie que deux êtres parfaitement complémentaires se rencontrent, se reconnaissent, et décident, de toute leur volonté consciente, de s'unir à jamais. Les motifs éclairent toutes ces phases de la genèse et de la vie d'un amour. La prédestination de l'amour est implicite dans la prédiction, dans l'*Imrama* qui transporte sans faillir l'homme d'abord, la femme ensuite vers l'être aimé; dans l'ouverture simultanée des gages, ce qui symbolise la reconnaissance, c'est-à-dire l'illumination des cœurs; elle témoigne aussi de leur fidélité et de leur acceptation des souffrances qui les rendent dignes de leur beau destin. Enfin, la publication de leur secret en actualise la virtualité cachée. La complémentarité des caractères se révèle dans ses effets par la présence du faon près de la biche et la promesse du futur qu'il représente (ce qui boucle la boucle et forme une structure circulaire); par les deux chandelles qui engendrent même lumière, par la ceinture et le nœud encore qui servent un propos unique sous deux formes différentes, et surtout par ce que la Dame apporte d'intuition, de délicatesse d'esprit et de douceur à l'esprit déductif et à la sympathique rudesse de Guigemar. Enfin l'unité du couple est illustrée par la bête à cornes, par l'usage mixte de la nef, par la décision unanime de se lier par un gage d'amour.

De la résolution du thème d'amour découle celle du thème dynastique, ce dernier représentant le devoir social du jeune prince. Il est supporté par de nombreux motifs, la chasse royale, la biche royale et son faon (=préfiguration d'un héritier), la blessure à la cuisse des rois ou fils de rois, la nef merveilleuse, si bellement construite et parée, et par les indications de la narratrice. Un jeune héritier refuse l'amour de toutes les femmes, d'où menace à la lignée; il part en quête, conquiert sa Dame, revient et dans une apothéose épique, il gagne son droit moral (=son pris) à l'héritage. Ce thème apporte de l'urgence et de la grandeur, comme le thème de l'amour apporte de l'élan, de l'émoi et de la beauté, à la narration. Loin de se porter préjudice, ils se supportent mutuellement, se complémentent, se fondent en un tout harmonieux comme l'homme et la femme du couple. L'aventure contée est en effet décisive pour le bonheur du héros et de la Dame qu'il aime, mais aussi pour sa famille, pour la terre de Léon en Petite-Bretagne dont il est l'héritier, et, par rebondissement — dans un temps où la structure féodale dépendait pour sa vitalité de la force de tous les maillons de sa chaîne — pour son seigneur, le roi Hoïlas. Les actions de Guigemar ne toucheront pas seulement ses proches, mais, en des cercles de plus en plus larges, elles affecteront le bien-être et la destinée de son peuple et même de l'entière mouvance de la royauté.

Le sérieux de cette situation, que ses contemporains comprenaient bien,[218] explique l'insistance de Marie, qui n'est jamais bavarde qu'à bon escient, à préciser en neuf vers (v. 27-35) les liens féodaux et familiaux de son héros. Comparons les deux seuls vers consacrés à Lanval (v. 27-28, *Lanval*) qui est lui aussi un héritier:

> Fiz a rei fu, de haut parage,
> Mes luin ert de sun heritage!

On prend volontiers ce *mes luin* pour signifier que Lanval est très jeune, ou que son père est encore jeune et vigoureux; ils signifient

---

[218] H. J. Chaytor, Introduction, p. 3: "Medieval French literature is the expression of a feudal and Christian society, and... nations were prepared to welcome French literature as expressing their own social feelings and aspirations."

qu'il y a loin de la coupe aux lèvres, et en fait nous savons que Lanval ne règnera jamais, ce que dénote l'ironie dramatique attachée à ces deux vers. "Noblesse oblige": Guigemar, le futur chef, ne mobilise rien moins que les forces surnaturelles du destin pour que s'accomplisse son éducation courtoise.

Selon la bonne conduite féodale définie par Jean Frappier,[219] nous pouvons discerner que c'est la *mezura* qui faisait le plus défaut à notre héros; c'est en effet ce qui manque le plus à la jeunesse fougueuse. Raoul de Cambrai (*Raoul de Cambrai*), l' "hom desreez" par excellence, dont les superbes qualités se sont distordues sous le feu virulent de son tempérament incœrcible, représente exactement le genre d'homme, jamais corrigé, dont une faute de Nature a gâté le destin.

Puisque nous savons que le grand Héraclès sourit dans son Olympe des exploits du jeune chevalier breton qui lui ressemble par son courage, il est bon de rappeler que le beau mot grec *areté* est le frère du mot *courtoisie* défini plus haut par Jean Frappier. Werner Jæger soumet sa définition *d'areté*:

> There is no complete equivalent for the word *areté* in modern English: its oldest meaning is a combination of proud and courtly morality and warlike valour... *Areté* is the real attribute of the nobleman... The nobleman's pride in high race and ancient achievement is partnered by his knowledge that his preeminence can be guaranteed only by the virtues which won it.... The hero's whole life and effort are a race for the first prize, an unceasing strife for supremacy over his peers.[220]

Héraclès, à la croisée des chemins, est éduqué par Dame Areté elle-même: "the allegorical story of his education by Lady Areté was an important stage in the hero's advance towards greatness." W. Jæger signale encore que Pindare, comme Xenophon, mentionne un discours de Prodicus où Héraclès était représenté comme la personnification même de la lutte pour atteindre *areté*. Encore selon lui, l'éducation grecque, *paideia,* consistait dans "the process of educating man into his true form, the real and genuine human nature."[221] Marie, héritière

---

[219] J. Frappier, *Vues sur les conceptions...*, p. 139.
[220] W. Jaeger, pp. 5 et 7.
[221] Ibid., p. xxiii.

de l'humanisme classique, ne dit rien d'autre en donnant la parole à ses symboles.

Etienne Gilson appelle "raisonnement par analogie"[222] ce qui consiste à

> expliquer un être ou un fait par sa correspondance à d'autres êtres ou d'autres faits. Méthode cette fois légitime et dont toute science fait usage, mais dont les hommes du moyen âge ont usé moins en savants qu'en poètes.

C'est par analogie que Guigemar subit l'influence du héros grec: ils sont semblables par leur force physique, vivant symbole d'une force morale qui s'actualisera par une attitude forte et droite. Le "vert chemin" symbolise cette vigueur d'intention et de fait. Ovide a écrit une belle apothéose d'Hercule[223] et Marie connaissait trop bien Ovide pour ne pas avoir noté ce passage. Dans un ton d'une élévation toute chrétienne, la nature d'Hercule est révélée par son corps périssable et son âme immortelle; par analogie nous y voyons la nature de Guigemar, et celle de tous les hommes, figurée:

> Nec nisi materna Vulcanum parte potentem
> Sentiet; aeternum est a me quod traxit et expers
> Atque immune necis... (v. 251-3)
>
> nec quicquam ab imagine ductum
> Matis habet tantumque Iovis vestigia servat. (v. 264-5)[224]

Citons encore Etienne Gilson:

> L'idée que le Christianisme puisse se trouver en opposition avec des penseurs et des poètes qu'il** admire profondément lui est insupportable. Il a besoin de sentir une continuité réelle entre la vérité sous sa forme antique et la vérité sous sa forme chrétienne; aussi, ne pouvant paganiser le Christianisme, il christianise l'antiquité.[225]

---

[222] Etienne Gilson, *La Philosophie au moyen âge*, 2e édn. (Paris: Payot, 1962), Chap. V, p. 327. Lecture indispensable à qui veut pénétrer la poésie médiévale faite d'une "intime combinaison de foi chrétienne et de philosophie hellénique."
[223] Ovide, *Les Métamorphoses*, IX, 239-272.
[224] Ibid., IX, 239-272.
[225] E. Gilson, p. 342. "L'universalité de la pensée d'un Abélard est à base de générosité, et rien d'humain ne lui demeure étranger" (p. 343). Belle parole que nous appliquons à Marie.

**Il s'agit précisément d'Abélard, dont "l'attitude... est caractéristique de son temps."

Retenons qu'en couvrant Guigemar de son égide, Héraclès lui a indiqué la *vertu* (< Lat. *virtūtem* < *vir*) comme moyen de conquérir la bonheur personnel et public, et de la dispenser. Vertu sans laquelle nulle vertu n'est efficace.

Parce que le poète du moyen âge dépendait inéluctablement de la faveur d'un "nobles reis" ou de quelque autre mécène, on ne peut écarter l'hypothèse que tel poème ait pu être écrit à la gloire d'un grand. L'adaptation des sources mythiques et folkloriques à un propos unique qui est le conte de *Guigemar*, indique peut-être une intention particulière de Marie, celle d'avoir voulu transposer une histoire "vraie," vécue, par sa plume poétique. D'après Vladimir Propp, c'est l'attachement à la réalité qui fait le plus souvent dévier de la structure des contes:

> l'étude des formes dérivées dans le conte merveilleux est liée à la réalité. De nombreuses transformations s'expliquent par l'introduction de celle-ci dans le conte. [226]

Cette idée nous a amené à faire un rapprochement entre l'aventure de notre conte et celle du mariage d'Henri Plantagenêt (Henry II d'Angleterre, le mécène présumé de Marie) et d'Aliénor d'Aquitaine. Les grandes lignes concordent: non seulement Aliénor se sépara de son premier mari pour épouser le jeune, et selon la renommée, courtois Henri, mais encore, Aliénor à peine libérée de ses premiers liens faillit être enlevée par Thibaud de Champagne, dit Le Tricheur:[227] un parfait modèle pour Meriaduc. Célèbre par sa beauté, sa culture et son raffinement, autant que par sa ténacité, Aliénor est bien dessinée par le portrait de la Dame, "Une Dame de haut parage, / Franche, curteise, bele e sage" (v. 211-2). Ce qui est assurément frappant, c'est qu'Henry II possédait la qualité prépondérante de Guigemar, la force, selon l'aveu de tous ses contemporains, et d'ailleurs selon le témoignage de sa vie explosive. Cette force est justement

---

[226] V. Propp, *Les Transformations des contes merveilleux*, faisant suite à *La Morphologie du Conte*, du même auteur (1965; rpt. Paris: Editions du Seuil, 1970), p. 181.
[227] R. Pernoud, p. 87.

la source la plus évidente de la transformation du conte folklorique celtique par l'apport de la source héracléenne. Les historiens reconnaissent l'énergie extraordinaire de ce roi:

> Henry was handsome and full of the agreeable fire of youth, with a certain military air and demeanor, which, to a lady of her gay disposition [Aliénor], was a most powerful charm. [228]

Mrs. J. R. Green décrit ainsi l'impression que l'apparence du fougueux Henry fit sur Aliénor à leur première rencontre:

> In the square-shouldered ruddy youth** who came to receive his fiefs, with "his countenance of fire," his vivacious talk and overwhelming energy and scant ceremoniousness at mass, she saw a man destined by fate and character to be in truth a "king." [229]
>
> **Henry avait 18 ans, elle 26, à leur première rencontre.

En lisant un historien moderne, on constate bien que l'histoire est proche de la légende:

> Henry was twenty two years old in 1154 [à son accession au trône d'Angleterre], scholarly, efficient, intelligent, practical, with an essentially legal turn of mind. His energy was demonic. Courtiers were amazed by this king who seemed never to grow weary. [230]

Ce que nous présentons comme une hypothèse est proche de la vérité de l'action et des caractères des personnages du conte. Le fait que ce *lai* est "el chief de cest comencement" n'est pas non plus à négliger, et son importance pour Marie serait donc expliquée. Nous nous trouverions en présence d'un "epithalamion" pour les époux royaux, ou d'un "exemplum" pour un des enfants. La nombreuse descendance

---

[228] George Lord Lyttleton, *The History of King Henry the Second and of the Age in which he lived* (Dublin: G. Faulkner, 1768), Vol. I, p. 418.

[229] J. R. Green, *Henry the Second* (London: Macmillan and Co., 1888), p. 11.

[230] Goldwin Smith, *A History of England*, 1949, rpt. (New York, Ch. Scribner's Sons, 1957), p. 51.

mâle des rois aurait une bien juste figuration dans le faon de la vision. Mais il est sage de s'en tenir au conte en soi, et de le considérer dans sa belle nudité de poème.

Quelle leçon poétique ou humaine Marie tirait-elle de la corrélation des motifs de sources diverses qu'elle employa, des écrits bibliques, des légendes mythologiques et des récits arthuriens? Avait-elle déjà découvert ce que Baudelaire allait exprimer dans son poème 'Correspondances'?

> La Nature est un temple où de vivants piliers
> Laissent parfois sortir de confuses paroles;
> L'homme y passe à travers des forêts de symboles
> Qui l'observent avec des regards familiers.

Ces "regards familiers" des symboles indiquent que la ressemblance des images créées à travers les siècles n'est pas fortuite et vient d'une réalité intérieure, psychologique, commune à tous, qui sert de lien et de moyen de reconnaissance entre les hommes. C'est ce qui fait passer l'histoire de Guigemar du royaume du particulier à celui de l'universel. En nous invitant à gloser la lettre, Marie voulait perpétuer l'usage du symbole qui peut éclairer les primitifs et les civilisés. Héritière de la sagesse séculaire engendrée par les deux traditions chrétienne et classique, elle a peut-être voulu, en créant un conte chargé de sa "sapience," ramener les désirs et les craintes des humains à leur juste mesure, en en faisant saisir l'universalité.

L'emploi de l'image symbolique a permis au poète d'éviter toute expression d'abstraction, donc toute expression de morale. Ce poème est ainsi une véritable imitation (=un symbole) de la nature, selon les lois de laquelle les conséquences suivent les causes, en toute logique. C'est donc l'observateur de la nature humaine, et le lecteur du poème, qui peuvent — et doivent selon le poète — tirer la morale de cette logique, par intuition ou par raisonnement.

En remontant les sources des motifs employés par Marie dans *Guigemar,* pour déceler les significations psychologiques attachées au conte, nous sommes nécessairement remontée aux sources même de sa genèse. *Guigemar* est un poème et non pas un simple conte de fée, sans qu'il ait perdu cependant ce qui fait l'impondérable charme du conte. Ernest Jones fournit une définition utile de ce qui fait la différence entre le poème et le conte: "In folklore we have to do with the simple wishes and fears of the people and very little with elaborate philosophical, spiritual, or artistic preoccupations." [231] Ceci nous aide à formuler la relation du folklore et de la littérature qui, selon nous, est celle de la simple fleur des champs dont la beauté est facilement accessible à tous, et de la fleur cultivée, dont la naissance a requis les soins et la délicatesse d'un jardinier et l'hybridation. Mais à l'autre extrême du bleuet des champs, se dresse la fleur de serre aux parfums et aux couleurs trop quintessenciés. Pour Marie (Cf. *Guigemar*, v. 234-244), les *Remédes d'Amour* d'Ovide sont un exemple de cette artificialité, et en effet la morale naturelle en est faussée. Pour que la fleur poétique ne finisse pas par s'étioler, il est bon que le poète retourne aux sources vives populaires dont le bon sens n'est pas à dédaigner. Avocate de la mesure, Marie se trouve donc entre les deux pôles signalés par Ernest Jones, entre la simplicité et l'élaboration. Son travail poétique est un travail de mesure et d'harmonie, comme celui de la Nature.

Marie de France a su transfigurer sa vision particulière de beauté et de logique en regénérant les mythes. Elle a démontré que les désirs et les craintes humaines sont les pulsations naturelles de la vie, et que force et droiture indiquent le bon sens de direction.

---

[231] Ernest Jones, "Psychoanalysis and Folklore," in *Study of Folklore*, édn. Alan Dundes, pp. 89-102.

BIBLIOGRAPHIE

A. Les Œuvres de Marie de France et leurs comptes rendus:

L'Espurgatoire Seint Patriz of Marie de France. Ed. T. A. Jenkins. Philadelphia: Alfred J. Ferris, 1894.
Fables de Marie de France. Ed. A. Ewert and J. C. Johnson. Göteborg: H. Kzellman, 1935.
Les Lais de Marie de France. Ed. Jeanne Lods. Paris: CFMA, 1959.
Les Lais de Marie de France. Ed. Jean Rychner. Paris: CFMA, 1966.
Die Lais der Marie de France. Ed. Karl Warnke. 1885; rpt. Halle: Max Niemeyer, 1925.
Marie de France, Lais. Ed. Alfred Ewert. 1944; rpt. Oxford: Basil Blackwell, 1965.
Poésies de Marie de France, poète anglo-normand du XIIIe siècle, ou recueil de lais, fables et autres productions de cette femme célèbre. Ed. B. de Roquefort. Paris: Marescq, 1832. 2 vols.
Frappier, Jean. "Une édition nouvelle des lais de Marie de France, 'Marie de France, Les Lais,' éd. Jean Rychner." *Romance Philology*, XXII, 4 (May 1969), 600-13.
Paris, Gaston. "Review of Warnke, 'Die Lais der Marie de France." *Romania*, XIV (1885), 598-608.

B. Bibliographie generale:

Abercrombie, Nigel. "A Note on a Passage in 'Guigemar'." *Modern Language Review*, 30 (1935), 353.
Adam Le Bossu. *Le Jeu de la Feuillée.* Ed. E. Langlois. 2e édn. Paris: CFMA, 1951.
Alain. *Propos de Littérature.* 1934; rpt. Paris: Gonthier, 1969.
Allen, Mary V. *The Literary Craftsmanship of Marie de France.* Diss. University of Virginia, 1954.
Auerbach, Erich. *Mimesis: Dargestellte Wirklichkeit in der abendländischen Literatur.* Bern: A. Francke A. Verlag, 1946.
Battaglia, Salvatore. "Il Mito del Licantropo nel 'Bisclavret' di Maria di Francia." *Filologia Romanza*, III (1956), 229-53.
Baum, Richard. "Les Troubadours et les Lais." *Zeitschrift für romanische Philologie.* 85, 1/2 (1969), 1-44.
Bayet, Jean. *Les Origines de l'Hercule romain.* Paris: E. de Boccard, 1926.
Bayrav, Suheyla. *Symbolisme médiéval.* Paris: PUF, 1957.

Bédier, Joseph et Hazard, Paul. *Histoire de la Littérature française illustrée.* Paris: Larousse, 1923. 2 vols.
Béroul. *The Romance of Tristan.* Ed. A. Ewert. 1939; rpt. Oxford: Basil Blackwell, 1963.
The Bestiary, The Book of Beasts, being a translation from a Latin bestiary of the XIIth century. Ed. T. H. White. New York: Putnam, 1954.
Bezzola, Reto R. *Le Sens de l'Aventure et de l'Amour (Chrétien de Troyes).* Paris: La Jeune Parque, 1947.
Bloomfield, Morton W. "Symbolism in Medieval Literature." *Modern Philology,* LVI, 2 (Nov. 1968), 73-81.
Boethius. *The Consolation of Philosophy.* Trad. V. E. Watts. Baltimore: Penguin Classics, 1969.
Bolgar, R. R. *The Classical Heritage and its beneficiaries from the Carolingian age to the end of the Renaissance.* 1954, London: Cambridge University Press; rpt. New York: Harper Torchbooks, 1964.
Bromwich, Rachel. "Celtic dynastic themes and the Breton Lays." *Etudes celtiques,* IX (1961-62), 439-74.
Calmette, Jean. *La Société féodale.* Paris: A. Colin, 1923.
Carpenter, Rhys. *Folk Tale, Fiction and Saga in the Homeric Epics.* 4e édn. 1946; rpt. Berkeley: University of California Press, 1962.
Chanson de Roland. Ed. Joseph Bédier. 1927; rpt. Paris: H. Piazza, 1964.
Chaytor, H. J. *From Script to Print: An Introduction to Medieval Literature.* London: Cambridge University Press, 1945.
Chrétien de Troyes. *Erec et Enide.* Ed. Mario Roques. Paris: CFMA, 1963.
―――. *Cligès.* Ed. Alexandre Micha. Paris: CFMA, 1965.
Clement, C. E. *A Handbook of Christian Symbols and Stories of the Saints.* 5e édn. Cambridge: Riverside Press, 1895.
Cohen, Gustave. *La Vie littéraire en France au moyen âge.* Paris: Tallandier, 1949.
―――. *La Grande Clarté du Moyen Âge.* 1945; rpt. Paris: Gallimard, Idées, 1967.
Cosquin, Emmanuel. *Etudes folkloriques: Recherches sur les migrations des contes populaires.* Paris: H. Champion, 1922.
Coulton, G. G. *Medieval Panorama: The English Scene from Conquest to Reformation.* 1938; rpt. New York: Meridian, 1957.
Damon, S. Foster. "Marie de France, Psychologist of Courtly Love." *PMLA,* XLIV (1929), 968-96.
Damon, Philipp. "Review of 'The Sibyl: Prophetess of Antiquity and Medieval Fay' by Wm L. Kintner and J. R. Keller." *Romance Philology,* XXIII, 2 (Nov. 1969), 234-36.
Decharme, Paul. *La Critique des traditions religieuses chez les Grecs des origines au temps de Plutarque.* Paris: A. Picard et Fils, 1904.
Delbouille, Maurice. "Les Hanches du Roi-Pêcheur et la genèse du 'Conte del Graal.'" *Revue linguistique romane,* XXXIII (1969), 186-7.
Dictionnaire étymologique de la langue française. Ed. O. Bloch et W. Von Wartburg. 5e édn. 1932; rpt. Paris: PUF, 1968.
Dictionnaire des Symboles, Mythes, Rêves, Coutumes, Gestes, Formes, Figures, Couleurs, Nombres. Ed. Jean Chevalier. Paris: Robert Laffont, 1969.
Dundes, Alan, Ed. *The Study of Folklore.* New Jersey: Prentice-Hall, 1965.
Durand, Gilbert. *L'Imagination symbolique.* Paris: PUF, 1964.

Eneas, roman du XIIe siècle. Ed. J. J. Salverda de Grave. 2e édn. 1891, Halle: Max Niemeyer; rpt. Paris: CFMA. Tome I:1964; Tome II:1968.

Ewert, A. *The French Language.* 1933; rpt. London: Cambridge University Press, 1969.

Faral, Edmond. *Recherches sur les sources latines des contes et romans courtois du moyen âge.* Paris: Champion, 1913.

Ferguson, Mary K. "Folklore in the 'Lais' of Marie de France." *Romanic Review,* LVII, 1 (Feb. 1966), 3-24.

Flacelière R. et Devambez, P. *Héraclès: Images et Récits.* Paris: E. de Boccard, 1966.

Flutre, Louis-Fernand. *Tables des noms propres avec toutes leurs variantes figurant dans les romans du moyen âge, écrits en français ou en provençal et actuellement publiés ou analysés.* Poitiers: Publications du CESCM, 1962.

Foulet, Lucien. "Marie de France et les lais bretons." *Zeitschrift für romanische Philologie,* 29 (1905), 19-56.

———. "Marie de France et la légende de Tristan." *Zeitschrift für romanische Philologie,* 32 (1908), 161-183 et 257-289.

———. *Petite Syntaxe de l'ancien français.* 1919; rpt. Paris: CFMA, 1968.

Fourrier, Anthime. *Le Courant réaliste dans le roman courtois en France au moyen âge.* Paris: A. G. Nizet, 1960.

Frappier, Jean. *Chrétien de Troyes.* 1957; rpt. Paris: Hatier, 1968.

———. "Vues sur les conceptions courtoises dans les littératures d'oc et d'oïl au XIIe siècle." *Cahiers de Civilisation médiévale,* 2 (1959), 135-156.

Frazer, James George. *The Golden Bough: A Study in Magic and Religion.* 1922; rpt. 1 vol. abridged edn. New York: The Macmillan Company, 1951.

Frye, Northrop. *Anatomy of Criticism: Four Essays.* Princeton: Princeton University Press, 1957.

Ganshof, F. L. *Feudalism.* Trad. par Philip Guerson de *Qu'est-ce que la Féodalité?* 3e édn. 1952; rpt. New York: Harper Torchbooks, 1964.

Gilson, Etienne. *La Philosophie au moyen âge: des origines patristiques à la fin du XIVe siècle.* 2e édn. 1944; rpt. Paris: Payot, 1962.

Graves, Robert. *The Greek Myths.* 1955; rpt. New York: George Braziller, Inc., 1959.

Green, J. R. *Henry the Second.* London: Macmillan and Co., 1888.

Guernes de Pont-Sainte-Maxence. *La Vie de Saint Thomas Becket.* Ed. Emmanuel Walberg. Paris: CFMA, 1964.

Harris, Julian. *Marie de France: The Lays 'Guigemar,' 'Lanval' and a fragment of 'Yonec.'* New York: Institute of French Studies, 1930.

Hœpffner, Ernest. "Marie de France et l' 'Eneas'." *Studi Medievali,* V (1932), 272-308.

———. "Pour la chronologie des Lais de Marie de France." *Romania,* 59-60 (1933-34), 351-370.

———. *Aux origines de la nouvelle française.* Oxford: Taylorian Lectures 1938, 1939.

———. "The Breton Lays." *Arthurian Literature in the Middle Ages, A collaborative history.* Ed. R. S. Loomis. Oxford: Clarendon Press, 1959. II, 112-121.

———. *Les Lais de Marie de France.* Paris: Boivin, 1935; Nouvelle édition, Paris: Nizet, 1966.

Holmes, U. T. Jr. *A History of Old French Literature: From the Origins to 1300*. New York: F. S. Crofts and Co., 1937.

———. "A Welsh motive in Marie's 'Guigemar'." *Studies in Philology*, 39 (1942), 11-14.

Hulme, F. Edward. *The History Principles and Practice of Symbolism in Christian Art*. New York: Macmillan, 1899.

Illingworth, R. N. "Celtic tradition and the Lai of 'Guigemar'." *Medium Aevum*, XXXI (1962), 176-87.

Jaeger, Werner. *Paideia: The Ideals of Greek Culture*. Trad. de l'allemand par Gilbert Hichet. T. I, II, III. New York: Oxford University Press, 1944.

Kemp-Welch, Alice. "A Twelfth-Century Romance-Writer, Marie de France," *Of Six Mediaeval Women*. London: Macmillan and Co., 1913, 29-56.

Langer, S. K. *Philosophy in a New Key: A Study in Symbolism of Reason, Rite and Art*. 1942; rpt. New York: Mentor Books, 1949.

Lawton, H. W. "L'uevre Salemon." *Modern Language Review*, 50 (1955), 50-52.

The Lays of Desiré, Graelent and Melion. Ed. E. M. Grimes, New York: Institute of French Studies, 1928.

Lazar Moshé. *Amour courtois et 'Fin'amors' dans la littérature du XIIe siècle*. Paris: Klincksiek, 1964.

Lévy-Bruhl, Lucien. *L'Expérience mystique et les symboles chez les primitifs*. Paris: F. Alcan, 1938.

Lewis, C. S. *The Allegory of Love*. 1936; rpt. New York: Oxford University Press, 1968.

Lods, Jeanne. "Sur quelques vers de 'Guigemar'." *Romania*, 77 (1956), 494-496.

———. "Quelques aspects de la vie quotidienne chez les conteurs du XIIe siècle." *Cahiers de Civilisation médiévale*, 4 (1961), 23-45.

Loomis L. Ropes. *Medieval Hellenism*. Lancaster: Columbia University Press, 1906.

Lord, Albert B. *The Singer of Tales*. 1965; rpt. New York: Atheneum, 1968.

Lyttleton, George. *The History of King Henry the Second and of the Age in which he lived*. Dublin: G. Faulkner, 1768.

Mabinogion du 'Livre Rouge de Hergest,' avec les variantes du 'Livre Blanc de Rhydderch'." Trad. du gallois avec introduction par J. Loth. Paris: Fontenoing & Cie., 1913.

Mâle, Emile. *L'Art religieux du XIIIe siècle en France: Etude sur l'iconographie du moyen âge et sur ses sources d'inspiration*. Paris: A. Colin, 1925.

Martin, Henri. *Histoire de France depuis les temps les plus reculés jusqu'en 1789*. 4e édn. Paris: Furne, 1860.

Marx, Jean. *La Légende arthurienne et le Graal*. Paris: PUF, Bibliothèque de l'Ecole des Hautes Etudes et Sciences religieuses, LXIX, 1952.

Mélétinski, E. *L'Etude structurale et typologique du conte*. Trad. M. Derrida et al. (suite à *La Morphologie du Conte* de Propp). Paris: Editions du Seuil, 1970.

Melville, Herman. *Moby Dick*. New York: Modern Library, 1926.

Ménard, Philippe. *Le Rire et le Sourire dans le roman courtois en France au moyen âge (1150-1250)*. Genève: Droz, 1969.

Du Méril, Edélestand. Ed. *Floire et Blancheflor*. Paris: P. Jannet, 1861.

Micchielli, Roger. *Psychologie.* Paris: Bordas, 1959.
Neilson, Wm A. *The Origins and Sources of the 'Court of Love.'* Boston: Harvard University Press, *Studies and Notes in Philology and Literature,* VI. 1899.
De Noirmont, Baron Dunoyer. *Histoire de la Chasse en France depuis les temps les plus reculés jusqu'à la révolution.* Paris: Bouchard-Huzard, 1867.
Nutt, Alfred. *Cuchulainn: the Irish Achilles.* London: David Nutt, 1900.
Ovide. *Les Métamorphoses.* Paris: Collection des Universités de France, 1965.
———. *Les Amours. L'Art d'aimer. Les Remèdes d'amour. De la manière de soigner le visage féminin.* Paris: Classiques Garnier, 1957.
Pafford, Ward. "The literary uses of Myth and Symbol." *Truth, Myth and Symbol.* Ed. Thomas J. J. Altizer. New Jersey: Prentice-Hall, 1962.
Payen, Jean-Charles. *Le Motif du Repentir dans la littérature française médiévale: des origines à 1230.* Genève: Droz, 1968.
Pernoud, Régine. *Aliénor d'Aquitaine.* Paris: A. Michel, 1965.
Propp, Vladimir. *Morphologie du Conte.* Trad. Derrida et al. 1965; rpt. Paris: Editions du Seuil, 1970.
———. *Les Transformations des contes merveilleux.* Suite à *Morphologie du Conte.* Trad. Derrida et al. 1965; rpt. Paris: Editions du Seuil, 1970.
———. *Morphology of the Folktale.* 2e édn. 1968; rpt. Trad. Laurence Scott. Rév. Louis A. Wagner. Nouvelle introduction par Alan Dundes. Austin: University of Texas Press, 1970.
Pschmadt, Carl. *Die Sage von der verfolgten Hinde.* Diss. University of Greifswald, 1911.
Rathofer, Johannes. "Der wunderbar Hirsch der Minnegrotte." *Zeitschrift für deutsches Altertum und deutsche Literatur,* 95 (1966), 27-42.
Renzi, Lorenzo. "Recenti studi sui 'Lais' narrativi e su Marie de France." *Studi di Letteratura francese,* I, 89 (1967), 117-26.
Ringger, Kurt. "Marie de France und keine Ende." *Zietschrift für romanische Philologie,* 86, 1/2 (1970), 40-48.
Riquer, Martín de. "La 'aventure,' el 'lai' y el 'conte' en Maria de Francia." *Filologia Romanza,* II (Jan-Mar 1955), 1-19.
Roulleau, Gabriel, *Etude chronologique de quelques thèmes narratifs des romans courtois.* Paris: Champion, 1966.
La Sainte Bible, trad. en français sous la direction de l'Ecole Biblique de Jérusalem. 3e édn. 1955; rpt. Paris: Les Editions du Cerf, 1964.
Sandmann, Manfred. "Syntaxe verbale et style épique." (*Communicazione letta all'VIII Congresso di Studi Romanzi,* Firenze, 3-8 Aprile 1956). Firenze: Sansoni (1956), 379-402.
Schürr, Friedrich. "Komposition und Symbolik in den Lais der Marie de France." *Zeitschrift für Philologie,* 50 (1930), 556-82.
Siciliano, Italo. *François Villon et les thèmes poétiques du moyen âge.* Paris: A. Colin, 1934.
Smith, Goldwin. *A History of England.* 1949; rpt. New York: Charles Scribner's Sons, 1957.
Smith, M. E. "A classification for fables, based on the collection of Marie de France." *Modern Philology* XV (1917), 477-89.
Southern, R. W. *The Making of the Middle Ages.* 1953; rpt. New Haven: Yale University Press, 1964.

Spitzer, Leo. "Marie de France: Dichterin von Problem-Märchen." *Zeitschrift für Philologie*, L (1930), 29-67.

———. "The Prologue to the 'Lais' of Marie de France and Medieval Poetics." *Romanische Literaturstudien, 1936-1956*. Tübingen: Max Niemeyer, 1959.

Standard Dictionary of Folklore, Mythology and Legend. Ed. Maria Leach. New York: Funk and Wagnalls, 1949.

Thomas. *Les Fragments du Roman de Tristan, poème du XIIe siècle*. Ed. Bartina H. Wind. 2e édn. Paris: Minard, 1960.

Walpole, R. N. "Humor and People in Twelfth Century France." *Romance Philology*, XI, 3 (Feb. 1958), 210-25.

Wathelet-Willem, J. "Le Mystère chez Marie de France." *Revue de Philologie et d'Histoire*, XXXIX, 3-4 (1961), 661-86.

West, G. D. "L'uevre Salemon." *Modern Language Review*, 49 (1954), 176-82.

Weston, Jessie L. *From Ritual to Romance*. 1920; rpt. New York: Doubleday, 1957.

Zumthor, Paul. "Recherches sur les topiques dans la poésie lyrique des XIIe et XIIIe siècles." *Cahiers de Civilisation médiévale*, 2 (1959), 409-27.

———. *Langue et techniques poétiques à l'époque romane (XI-XIIIe siècles)*. Paris: Klincksieck, 1963.

NORTH CAROLINA STUDIES IN THE ROMANCE LANGUAGES AND LITERATURES

I.S.B.N. Prefix 0-88438

Recent Titles

THE OLD PORTUGUESE "VIDA DE SAM BERNARDO," EDITED FROM ALCOBAÇA MANUSCRIPT ccxci/200, WITH INTRODUCTION, LINGUISTIC STUDY, NOTES, TABLE OF PROPER NAMES, AND GLOSSARY, by Lawrence A. Sharpe. 1971. (No. 103). *-903-0.*

A CRITICAL AND ANNOTATED EDITION OF LOPE DE VEGA'S "LAS ALMENAS DE TORO," by Thomas E. Case. 1971. (No. 104). *-904-9.*

LOPE DE VEGA'S "LO QUE PASA EN UNA TARDE," A CRITICAL, ANNOTATED EDITION OF THE AUTOGRAPH MANUSCRIPT, by Richard Angelo Picerno. 1971. (No. 105). *-905-7.*

OBJECTIVE METHODS FOR TESTING AUTHENTICITY AND THE STUDY OF TEN DOUBTFUL "COMEDIAS" ATTRIBUTED TO LOPE DE VEGA, by Fred M. Clark. 1971. (No. 106). *-906-5.*

THE ITALIAN VERB. A MORPHOLOGICAL STUDY, by Frede Jensen. 1971. (No. 107). *-907-3.*

A CRITICAL EDITION OF THE OLD PROVENÇAL EPIC "DAUREL ET BETON," WITH NOTES AND PROLEGOMENA, by Arthur S. Kimmel. 1971. (No. 108). *-908-1.*

FRANCISCO RODRIGUES LOBO: DIALOGUE AND COURTLY LORE IN RENAISSANCE PORTUGAL, by Richard A. Preto-Rodas, 1971. (No. 109). *-909-X.*

RAIMON VIDAL: POETRY AND PROSE, edited by W. H. W. Field. 1971. (No. 110). *-910-3.*

RELIGIOUS ELEMENTS IN THE SECULAR LYRICS OF THE TROUBADOURS, by Raymond Gay-Crosier. 1971. (No. 111). *-911-1.*

THE SIGNIFICANCE OF DIDEROT'S "ESSAI SUR LE MERITE ET LA VERTU," by Gordon B. Walters. 1971. (No. 112). *-912-X.*

PROPER NAMES IN THE LYRICS OF THE TROUBADOURS, by Frank M. Chambers. 1971. (No. 113). *-913-8.*

STUDIES IN HONOR OF MARIO A. PEI, edited by John Fisher and Paul A. Gaeng. 1971. (No. 114). *-914-6.*

DON MANUEL CAÑETE, CRONISTA LITERARIO DEL ROMANTICISMO Y DEL POSROMANTICISMO EN ESPAÑA, por Donald Allen Randolph. 1972. (No. 115). *-915-4.*

THE TEACHINGS OF SAINT LOUIS. A CRITICAL TEXT, by David O'Connell. 1972. (No. 116). *-916-2.*

HIGHER, HIDDEN ORDER: DESIGN AND MEANING IN THE ODES OF MALHERBE, by David Lee Rubin. 1972. (No. 117). *-917-0.*

JEAN DE LE MOTE "LE PARFAIT DU PAON," édition critique par Richard J. Carey. 1972. (No. 118). *-918-9.*

CAMUS' HELLENIC SOURCES, by Paul Archambault. 1972. (No. 119). *-919-7.*

FROM VULGAR LATIN TO OLD PROVENÇAL, by Frede Jensen. 1972 (No. 120). *-920-0.*

GOLDEN AGE DRAMA IN SPAIN: GENERAL CONSIDERATION AND UNUSUAL FEATURES, by Sturgis E. Leavitt. 1972. (No. 121). *-921-9.*

THE LEGEND OF THE "SIETE INFANTES DE LARA" (*Refundición toledana de la crónica de 1344* versión), study and edition by Thomas A. Lathrop. 1972. (No. 122). *-922-7.*

STRUCTURE AND IDEOLOGY IN BOIARDO'S "ORLANDO INNAMORATO", by Andrea di Tommaso. 1972. (No. 123). *-923-5.*

STUDIES IN HONOR OF ALFRED G. ENGSTROM, edited by Robert T. Cargo and Emanuel J. Mickel, Jr. 1972. (No. 124). *-924-3.*

NORTH CAROLINA STUDIES IN THE ROMANCE LANGUAGES AND LITERATURES

I.S.B.N. Prefix 0-88438

Recent Titles

A CRITICAL EDITION WITH INTRODUCTION AND NOTES OF GIL VICENTE'S "FLORESTA DE ENGAÑOS", by Constantine Christopher Stathatos. 1972. (No. 125). *-925-1.*

LI ROMANS DE WITASSE LE MOINE. *Roman du treizième siècle.* Édité d'après le manuscrit, fonds français 1553, de la Bibliothèque Nationale, Paris, par Denis Joseph Conlon. 1972. (No. 126). *-926-X.*

EL CRONISTA PEDRO DE ESCAVIAS. UNA VIDA DEL SIGLO XV, by Juan Bautista Avalle-Arce. 1972. (No. 127). *-927-8.*

AN EDITION OF THE FIRST ITALIAN TRANSLATION OF THE CELESTINA, by Kathleen Kish. 1973. (No. 128). *-928-6.*

MOLIERE MOCKED: THREE CONTEMPORARY HOSTILE COMEDIES, by Frederick W. Vogler. 1973. (No. 129). *-929-4.*

INDEX ANALYTIQUE DE "CHATEAUBRIAND ET SON GROUPE LITTERAIRE SOUS L'EMPIRE" DE SAINTE-BEUVE, by Lorin A. Uffenbeck. 1973. (No. 130). *-930-8.*

THE ORIGINS OF THE BAROQUE CONCEPT OF PEREGRINATIO, by Juergen S. Hahn. 1973. (No. 131). *-931-6.*

THE "AUTO SACRAMENTAL" AND THE PARABLE IN THE SIXTEENTH AND SEVENTEENTH CENTURIES, by Donald T. Dietz. 1973. (No. 132). *-932-4.*

FRANCISCO DE OSUNA AND THE SPIRIT OF THE LETTER, by Laura Calvert. 1973. (No. 133). *-933-2.*

ITINERARIO DI AMORE: DIALETTICA DI AMORE E MORTE NELLA VITA NUOVA, by Margherita de Bonfils Templer. 1973. (No. 134). *-934-0.*

L'IMAGINATION POETIQUE CHEZ DU BARTAS, ELEMENTS DE SENSIBILITE BAROQUE DANS LA "CREATION DU MONDE," by Bruno Braunrot. 1973. (No. 135). *-935-9.*

ARTUS DÉSIRÉ, PRIEST AND PAMPHLETEER OF THE SIXTEENTH CENTURY, by Frank Giese 1973. (No. 136). *-936-7.*

JARDIN DE NOBLES DONZELLAS BY FRAY MARTÍN DE CÓRDOBA, by Harriet Goldberg. 1974. (No. 137). *-937-5.*

MOLIERE: TRADITIONS IN CRITICISM, by Laurence Romero. 1974 (Essays, No. 1). *-001-7.*

STUDIES IN TIRSO, I, by Ruth Lee Kennedy. 1974. (Essays, No. 3). *-003-3.*

LAS MEMORIAS DE GONZALO FERNÁNDEZ DE OVIEDO, Vols. I and II, by Juan Bautista Avalle-Arce. 1974. (Texts, Textual Studies, and Translations, Nos. 1 and 2). *-401-2; 402-0.*

ESTUDIOS DE LITERATURA HISPANOAMERICANA EN HONOR A JOSÉ J. ARROM, edited by Andrew P. Debicki and Enrique Pupo-Walker. 1975. (Symposia, No. 2). *952-9.*

When ordering please cite the *ISBN Prefix* plus the last four digits for each title.

www.ingramcontent.com/pod-product-compliance
Lightning Source LLC
Chambersburg PA
CBHW020418230426
43663CB00007BA/1220